**더 나은 결정을 위한
하루 10분 논리 연습**

수학적 사고력을 키우는
페르미 추정 입문서

더 나은

Fermi Estimation

결정을 위한

후카사와 신타로 | 한세희 옮김

하루 논리
10분 연습

현익출판

어느 영업 사원의 말

"그 사람은 머리가 좋다니까."
어느 날 전철을 타고 가는데 영업 사원으로 보이는 두 남자의 대화가 들렸다. 언뜻 듣기로는 실적이 좋은 동료에 관한 이야기 같았다. 몰래 들을 생각은 없었지만 그중 한 사람이 이런 말을 하는 게 아닌가!
"뭐, 그 사람은 원래 머리가 좋아. 우리랑은 인종이 달라."
나는 이 대목에서 약간의 위화감을 느꼈다. 원래 머리가 좋다든가 인종이 다르다는 말, 정말 사실일까?

만나서 반갑다. 나는 비즈니스 수학을 교육하고 있으며, 주로 직장인들을 대상으로 수학적 사고를 익힐 수 있도록 돕는 인재 육성 전문가다. 내가 왜 이런 일에 몸담고 있는지 잠깐 설명하겠다.

'생각하는 힘'은 어디에서 나올까?

알다시피 '생각하는 힘'은 아주 중요하다. 즐겁게 사는 사람이든 일을 잘하는 사람이든 나름의 방식으로 성공한 사람에게는 공통점이 있다. 그런 사람들은 스스로 생각하고 행동할 줄 안다. 즉, 제대로 생각할 줄 아는 힘이 있다는 것이다.
그러나 이런 능력을 선천적으로 가지고 태어나는 사람은 손에 꼽을 정도며 대부분은 비슷하게 태어나 비슷하게 인생을 시작한다.

그렇다면 '생각하는 힘'은 대체 어디에서 차이가 생기기 시작할까? 나는 '과거에 수학 수업 시간을 어떻게 보냈나!' 바로 여기에서부터 달라진다고 본다.

우리가 학창 시절에 배웠던 교과목 중 생각하는 힘을 가장 많이 길러 주는 과목이 수학이다. 더 구체적으로 말하면 (다른 과목에 비해) 수학은 논리적으로 생각해서 답을 내는 사고를 단련해 준다.

하지만 안타깝게도 수학에 알레르기가 있다면 수학 수업을 통해 이처럼 필수적이며 올바른 사고를 익히는 경험이 줄어들 수밖에 없다. 그러면 성인이 된 후 '생각하는 힘'에서 차이가 생기고 만다.

나는 그동안 이러한 어른들을 많이 보았다. 할 수만 있다면 그들을 학창 시절로 돌려보내 내가 수학 수업을 해 주고 싶지만 불가능한 일이다. 그렇다면 어른에게도 수학적 생각을 길러 주는 교육을 해 보면 어떨까? 이것이 바로 내가 '비즈니스 수학'이라는 이름을 붙인 이유다.

'페르미 추정'이란?

당신은 '페르미 추정'에 대해 들어 본 적 있는가? 자세한 건 본문에서 설명하겠지만, 일단 쉽고 단순하게 소개해 보겠다.

페르미 추정은 머리가 좋아지는 놀이

이 책은 당신이 페르미 추정을 능숙하게 활용해서 지금보다 더 머리가 좋은 사람이 되도록 돕는다. 여기서 중요한 건 이 책의 목적은 공부가 아니라는 점이다. 그보다는 머리만을 활용한 놀이를 즐기기 위한 책이다.

"저기요, 전 놀고 있을 시간이 없는데요."라며 책을 덮을지도 모르겠다. 그래도 잠시 더 들어 주길 바란다. 지금 말하는 '놀이'는 부정적인 의미가 아니라, 아주 긍정적인 의미를 담고 있다.

스포츠를 예로 들어 보자.

브라질은 축구 강국으로 유명하다. 그곳에서는 어릴 때부터 거리에서 즐겁게 공을 차며 노는 일이 일상이다. 어린 시절에는 무서운 코치도 없고 그저 공을 가지고 놀기만 하면 된다. 그랬을 뿐인데 실력이 차츰 좋아지고 어느새 기술을 몸에 익힌 상태가 되는 것이다.

이 책의 목표도 마찬가지다. 무서운 코치의 깐깐한 지도에 못 이겨 억지로 한다면 즐겁게 익힐 수 없다. 이 책에서 예로 든 소재나 규칙을 활용해 논다는 느낌으로 즐기면 된다. 이것만이 이 책을 읽을 때 필요한 유일한 조건이다.

어렵다고 느끼는 독자를 위한 책

이 책은 머리를 좋게 만드는 트레이닝을 돕는다.

사실 서점의 비즈니스 코너에는 이러한 주제의 책이 잔뜩 있다. 그런데 왜 이 책을 냈는지 묻는다면 '너무 어려워서 읽을 수 없을 것 같다.' '나는 못 할 것 같다.'라는 걱정을 덜어 주기 위해서다.

시중의 '사고력을 단련하는 책'을 술술 읽고 이해하는 사람이라면 아마도 평소에 비즈니스 서적을 자주 접할 것이므로 이 주제 또한 쉽게 읽을 수 있다. 반대로 익숙하지 않은 사람이라면 이런 책을 완독하고 방법을 체득하는 것이 쉽지 않을 것이다.

또한 많은 사람이 '해설을 읽으면 당장은 이해할 수 있지만, 막상 스스로 해 보면 쉽지 않다.'라고 말하기도 한다. 어릴 때 수학 공부를 하면서 많이 해 본 말 같지 않은가?

어떤 문제를 풀려고 시도한다.

↓

그런데 스스로 이해할 수 없다.

↓

그래서 해설을 읽는다.

↓

그러면 그 순간은 이해한 것 같다.

↓

다음 날 그 문제를 스스로 풀어 본다.

↓

풀 수 없다.

익숙한 패턴인가? 다만 이러한 과정은 별 효과가 없다.

그래서 **'이보다 간단한 건 없다.' '이것만 알면 된다.' '반복하면 반드시 익힐 수 있다.'** 고 장담할 만큼 시간을 절약해 주고 즐겁게 트레이닝할 수 있도록 이 책을 만들었다.

당신을 위해 전문가들이 함께 만든 책

마지막으로, 나는 이 책의 프로젝트에 가담한 사람으로서 전체 구성과 문제 레벨 등을 조언했다. 하지만 세세한 부분은 제작 팀이 맡았다. 그리고 문제 작성은 내 동료들의 도움을 받았다. 이 부분은 '나가며'에서 소개하고자 한다.

Part 1에서는 페르미 추정이란 도대체 무엇이고 이것이 지금 필요한 이유는 무엇인지를 읽을거리로 준비했으니 즐겁게 읽어 주길 바란다. 책을 읽기 전에 필요한 워밍업이라고 생각하면 된다.

Part 2부터 Part 4에서는 페르미 추정 능력을 기르는 데 가장 중요한 세 가지 요소를 각기 가볍게 트레이닝한다.

Part 5는 종합 트레이닝이다. 레벨별로 몇 개의 문제를 준비했으니 직접 풀어 보기를 바란다.

Part 6은 부록이다. 우리 주변에서 얼마나 쉽게 수학적 사고를 발견할 수 있는지에 관한 이야기를 준비했다.

자, 그러면 준비는 끝났다. 이보다 더 쉬울 수 없는 머리가 좋아지는 트레이닝! 빨리 시작해 보자.

후카사와 신타로

차례

Part 1 왜 지금 페르미 추정인가?

Part 2 가정 트레이닝

Part 3 분해 트레이닝

Part 4 비교 트레이닝

Part 5 종합 트레이닝

불확실한 시대를 사는 사람을 위한 수학적 사고

페르미 추정에 필요한 사고력을 익히는
이 책의 트레이닝

연습

Part 2~4에서는 가정·분해·비교라는 사고법을 배운다. 그리고 마지막에 이 방법을 내 것으로 만들기 위한 연습 문제를 준비했다. 반복 연습하여 마스터하자.

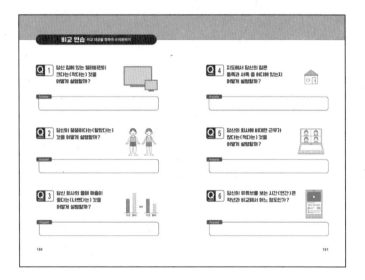

[예제] 된장국의 재료를 분해하자

↳ [사고법] 된장과 물이 들어가고 건더기로는 무엇이 들어갈까?

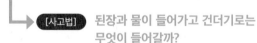
Answer 된장·물·두부·애호박·양파

💡 이 반복 연습에는 정답이 없다. 가능하면 바로 가정·분해·비교라는 사고법을 떠올리는 것이 중요하다. 어떻게 생각해야 할지 고민이 된다면 각 연습의 마지막에 '사고법 힌트'를 추가했으니 이를 참고하여 답을 내 보자.

종합
트레이닝

Part 2~4에서 연습을 잘 끝냈다면 이제 Part 5로 가 보자!
가정·분해·비교를 활용해서 페르미 추정 문제를 풀어 보자.

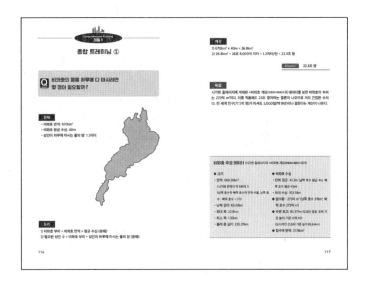

종합 트레이닝은 전부 15문제다.
문제는 '레벨1~5'까지 총 다섯 단계 난이도로 구성되어 있다.

💡 페르미 추정에서 중요한 것은 '답을 내기 위해 사용한 접근법'에 있다.
Answer에 있는 수치와 똑같지 않아도 엄청난 차이가 아니라면 괜찮다.
이 책에서 예로 든 접근법으로 생각해 보았다면, 이번에는 당신 나름의 접
근법으로도 생각해 보자.

Part 1

왜 지금
페르미 추정인가?

새로운 시대가 필요로 하는
프로의 인재상

책임감을 갖추고 스스로 가치를 제공하는 인재가 요구되는 시대이다.
이런 시대일수록 페르미 추정의 힘이 필요하다.

여러분은 토요타 자동차 회사를 알 것이다. 항상 높은 생산성을 유지하며 매일 새로운 일에
도전하는 기업이다. 이러한 토요타 자동차의 사장인 토요타 아키오(豊田章男)는 2019년 1월
8일, 신년 인사에서 전 직원에게 "여러분, 프로가 됩시다." "본인을 위해 끊임없이 능력을 키
웁시다."라고 했다. 이렇게 문장으로 간단히 표현하니 아주 평범한 말처럼 들리겠지만, 여기
에는 아주 중요한 메시지가 담겨 있다.

일반적으로 프로라고 하면 책임감을 가지고 자기 능력으로 가치를 창조할 줄 아는 사람을

프로는 어떤 사람일까?

급여를 받는 사람 ≠ 프로

스스로 책임을 지는 사람
자기 능력으로 가치를 창조할 줄 아는 사람
= 프로

말한다. 월급을 받는 것만으로는 프로라고 할 수 없다. 자기에게 상품 가치가 있어야 프로다. 토요타 사장의 말에는 '앞으로는 스스로 책임감을 느끼길 바란다. 회사는 당신의 인생을 끝까지 돌봐 주지 않는다.' '가치를 제공할 수 있는 인재가 되려면 스스로 노력해야 하며, 그래야 미래가 있다.'라는 강한 메시지가 담겨 있다.

그리고 '이제 시대가 바뀌었다.'는 뜻도 담겨 있다. 그렇다면 구체적으로는 어떠한 시대로 바뀌었다는 것일까? 그러한 새로운 시대가 요구하는 인재는 어떠한 사람일까?

Part 1에서는 페르미 추정(Fermi Estimation)(어떠한 문제에 대해 기초적인 지식과 논리적 추론만으로 단시간에 대략적인 근사치를 추정하는 방법─옮긴이)의 힘이 필요해진 배경부터 설명하겠다.

일부 발췌

새로운 시대의 개막을 선언한
토요타 사장의 메시지

새로운 인사 체제가 시작되었습니다. 오늘은 이에 관한 제 생각을 여러분에게 직접 전하고자 합니다. 이번 인사 제도의 목적을 제 나름대로 간략히 말씀드리면 '여러분, 프로가 됩시다!'입니다. 제가 생각하는 프로는 뛰어난 재능이 하나 정도는 있는 '전문성'을 가진 사람이며, 겸손하고 솔직한 사람입니다. 또한 자기의 재능을 잘 알고 노력할 줄 아는 사람이고, 이를 솔선수범하고 주변 사람들에게도 좋은 영향을 주는 인간미가 있는 사람입니다.

여러분은 자신을 위해서 본인을 갈고닦아 주길 바랍니다. 토요타라는 간판 없이도 가능성이 넘치는 프로가 되는 것을 목표로 삼길 바랍니다. 우리 매니지먼트(경영진)는 어디에서도 지지 않는 실력을 갖춘 프로가 된 여러분이 '그래도 토요타에서 일하고 싶다.'라고 진심으로 생각할 수 있는 환경을 만들도록 노력하겠습니다.

스스로
경력을 만드는 시대

시대가 바뀌면 생활에 필요한 것도 바뀐다.
그렇다면 우리가 사는 '지금'은 어떠한 시대일까?

당신은 평소에 '시대'를 인식하고 살고 있는가? 갑자기 어려운 이야기를 꺼낸다고 생각할지
모르겠지만, 그렇지 않다. 이는 당신에게도 아주 친근한 주제다.

예를 들어, 요즘에는 초등학생부터 노인까지 모두 스마트폰을 갖고 있지만, 20년 전에는 이
세상에 존재하지 않던 물건이다. 과거에는 전철을 타려고 표를 사면 역무원이 개찰구에서 표
를 확인했지만, 오늘날에는 이러한 풍경을 볼 수 없다.

또한 얼마 전까지만 해도 기업의 고용 형태는 보통 '종신 고용'이었다. 실적 악화로 기업이 갑
작스레 도산하지만 않으면 평생 같은 기업에서 정년까지 일할 수 있었다. 이는 정직원을 고용
하는 기업의 관행이었다. 쉽게 말하면 '회사가 끝까지 책임진다.'는 뜻이다.

이 책을 읽는 여러분의 부모 중에는 그런 시대를 살아 온 분들이 있을 것이다. 이를 기업의
인재 육성이라는 관점에서 이야기해 보자. 일찍이 기업은 직원의 성장을 바라고 인재 육성

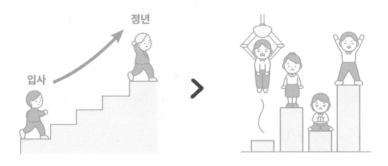

종신 고용
종신 고용에서는 대학 졸업 후 채용되면 기
업이 정년까지 확실히 책임진다.

성과주의
성과주의는 학력, 나이, 근무 연수가 아닌
성과나 성적으로 평가하므로 뛰어난 인재일
수록 급여가 올라간다.

에 돈과 시간을 들였다. 신입 사원 시절부터 관리직이 될 때까지 극진히도 연수 제도를 마련해 주었고, 회사가 직원들에게 성장의 기회를 제공했다. 왜냐하면 회사가 직원을 끝까지 책임지는 것이 상식이었기 때문이다.

하지만 오늘날에는 이러한 가치관이 전혀 통하지 않는다. 모처럼 대졸 신입 사원을 채용했는데 3년이면 그만두는 경우가 많다. 심지어 미디어에서는 이직에 관한 광고도 쉽게 볼 수 있다. 직원을 육성하는 데 비용을 들여 봤자 얼마 안 가서 그만두거나 직장을 옮겨 버리니 기업으로서도 돈을 들여 얻을 수 있는 이득이 적다. 회사에 의존해 평생을 보내는 시대가 끝난 것이다. 그렇다면 오늘날에는 누가 당신에게 성장의 기회를 줄까? 정답은 다른 누구도 아닌 당신 자신이다. 본인의 경력은 스스로 만들어야 한다. 여러분은 이러한 시대를 살고 있다.

시대에 따라 상식은 바뀐다

정규직원, 비정규직원 수 및 임원을 제외한 비정규직원 비율 추이(1989~2018)

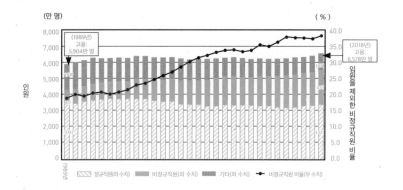

통계에 따르면 비정규직원은 1989년부터 약 30년간 817만 명에서 2,117만 명으로 1,300만 명이나 증가했다. 비정규직 고용이 증가하는 추세를 보이는 가운데 사실 종신 고용제는 붕괴하고 있는 것으로 보인다.
(참고: 총무성 통계국, <통계가 말하는 헤이세이의 발자취 — 2. 노동 고용의 유동화, 여성의 활약>(総務省統計局「統計が語る平成のあゆみ — 2. 労働 雇用の流動化、女性の活躍」)

AI 시대에 인간은
무엇을 할 수 있을까?

AI가 진화하면 인간의 일이 줄어들 것이라고 한다.
그러한 미래는 정말로 올까?

최근 들어 'AI 시대'라는 말이 자주 쓰인다. '앞으로는 AI가 무엇이든 다 해 주지 않을까? 무슨 일이든 해결해 주지 않을까?' 당신은 이러한 상상을 하고 있을지 모른다. 하지만 AI는 어디까지나 고도로 정밀한 계산기에 불과하므로 실제로 그런 일은 생기지 않는다. 위키피디아(Wikipedia)에 게재된 인공지능(AI, artificial intelligence)에 대한 설명을 보자.

"'계산(computation)'이라는 개념과 '컴퓨터(computer)'라는 도구를 활용해서 '지능'을 연구하는 컴퓨터 과학(computer science)의 한 분야를 가리키는 말. 그리고 언어의 이해나 추론, 문제 해결과 같은 지적 행동을 컴퓨터가 인간을 대신해 수행하게 하는 기술, 또는 계산기(컴퓨터)에 의한 지적인 정보 처리 시스템 설계나 현실에 관한 연구 분야이다."

전문적인 용어가 많지만, 이해하는 데 무리는 없을 것이다. 아이들도 이해할 법한 쉬운 말로 정의하면 AI는 '아주 뛰어난 계산기'다.

계산기의 본질은?

팩트(사실)를 입력한다 ➡ 순식간에 정확한 답을 산출한다

그러나 그 이면에는……
① 프로그래밍되어 있지 않은 계산은 불가능
② 지시한 것만 가능
③ 스스로 무언가를 할 수 없음
④ 정확한 계산을 한다는 전제로 존재

①~③만 보면 마치 업무 능력이 없는 사람처럼 보인다.
어쩌면 우리가 AI에 너무 민감하게 반응하고 있는 것은 아닐까?

이 뛰어난 계산기를 훨씬 친근한 것으로 바꿔 생각해 보자. 바로 당신 책상 위에 있는 컴퓨터다. 이것이 바로 전자계산기다. 이 계산기는 구체적인 수치를 입력하고 계산을 지시하면 순식간에 정확한 계산 결과를 표시한다. 이때 중요한 점은 '인간이 구체적인 수치를 입력하지 않으면 계산기는 그저 물건에 지나지 않는다.'라는 사실이다. 따라서 AI에게 일을 빼앗기는 미래는 오지 않을 것이다. AI가 활약하는 시대라도 인간은 지금처럼 인간이 할 수 있는 일을 하면 된다.

이때 필요한 키워드가 바로 페르미 추정이다.

인간은 AI에게 일을 빼앗길까?

홀 직원 대신 서빙 로봇?

가게 점원 대신 무인 계산대?

서빙 로봇은 사람이나 장애물을 피해 물건을 스스로 운반하는 로봇이다. 코로나 팬데믹 시기에 접촉을 피하고 인건비를 절감할 목적으로 음식점이나 병원 등에서 도입하기 시작했다. AI가 적절한 경로를 산출해서 정해진 장소로 음식 등을 운반한다.

현재 슈퍼마켓이나 편의점 등에서 볼 수 있는 대부분의 무인 계산대는 소비자가 상품 바코드를 찍고 계산까지 끝낼 수 있게 하므로 인건비 절약에도 도움이 된다. 또한 AI에 의한 화상 인식 기술을 활용한 시스템으로 결제 과정을 모두 자동화할 수 있는데, 이를 이용한 무인점포도 운영되고 있다.

페르미 추정은
머리가 좋아지는 사고법

지금 시대는 생각하고 문제를 해결하는 사람을 원한다.
페르미 추정이 그런 능력을 길러 준다.

앞으로 당신이 살아갈 시대는 어떠한 인재를 원할까? 정답은 '문제 해결이 가능한 사람'이다. 예를 들어 한 기업이 콜센터에 고객 응대를 위한 음성 인식 장치를 도입했다고 하자. 지금의 기술로도 전화를 건 사람의 목소리로 누구인지 순식간에 판별하여 과거 이력까지 알 수 있다. 그러나 이렇게 훌륭한 기술도 전화를 건 고객의 클레임에 대응할 수 없고 문제를 해결하지도 못한다. 결국 이런 문제는 사람이 생각해서 해결해야 한다. 따라서 앞으로는 사람이 AI 같은 기계가 할 수 없는 일을 하게 될 것이다.

오히려 지금보다 훨씬 더 여러 방면에서 머리가 좋은 사람이 필요해질 것이다. 여기서 머리가 좋은 사람이란 '문제를 해결할 수 있는 사람'을 뜻한다. 다른 말로 하면 생각하는 힘이 있

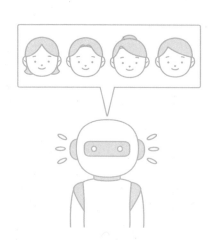

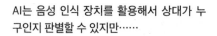

AI는 음성 인식 장치를 활용해서 상대가 누구인지 판별할 수 있지만……

상황별로 다양하게 생각해야 하는 클레임은 사람만이 대응할 수 있다.

는 사람인 것이다. 이쯤에서 당신에게 제안 하나를 하겠다.

지금부터라도 머리가 좋아지는 트레이닝을 시작해 보면 어떻겠는가? '지금보다 머리가 좋아지고 싶습니까?'라고 물어보면 누구나 '네.'라고 대답한다. 그러나 대부분 직접 행동하지는 않는다. 왜 그럴까? 구체적인 방법을 모르기 때문이다. 초등학교나 중학교 같은 의무 교육 과정에서 가르쳐 주지 않으니 당연한 일이다. 머리가 좋아지는 트레이닝을 당장 시작하고 싶다면 바로 이 책에서 소개하는 '페르미 추정'을 활용하면 된다.

머리가 좋은 사람이란?
∥
생각하는 힘이 있는 사람
∥
문제를 해결할 수 있는 사람

페르미 추정이란 무엇일까?

페르미 추정은 실제로 조사하거나 정확하게 파악하기 어려운 수치를 본인의 지식이나 주어진 전제를 토대로 논리적으로 추정하거나 어림셈하는 것이다(구체적인 설명은 다음 페이지에서).

당신은 다음 질문에 대답할 수 있는가?
[예 1] 당신 회사 직원 중 미용 기기를 쓰는 사람은 몇 명 정도인가?
[예 2] 전국에 있는 편의점 수는?
[예 3] 한 사람이 25m 수영장에 있는 물로 며칠 동안 생활할 수 있을까?

머리가 좋아지는
트레이닝을 시작하자!

정답이 없는
질문의 답을 찾자

AI가 할 수 있는 일을 사람이 군이 할 필요는 없다.
단순 계산은 AI에게 맡기고 정답이 없는 문제를 풀어 보자.

비즈니스의 큰 특징은 정답이 없다는 것이다. '1+1=2'라는 공식은 학창 시절이었다면 정답이
다. 하지만 비즈니스에서는 '1+1'이 반드시 '2'를 의미하지 않는다. 알다시피 비즈니스에도 AI
가 진출했다. AI, 즉 인공지능은 이제까지 사람만이 하던 지적 행위를 기계가 실행할 수 있는
방법을 연구하는 분야가 되었다.

한 가지 확실한 것은 이제 '사람이 갖춰야 할 능력이 변했다.'라는 점이다. 더 구체적으로 설
명하면, AI가 할 수 없는 것을 사람에게 요구하는 시대가 된 것이다.

비즈니스는 정답이 없는 문제로 가득하다

학창 시절	비즈니스
1+1=2	1+1=2가 성립하지 않는다

학창 시절에는 정답이 있어서 공부하면 누 구나 풀 수 있는 문제가 나왔다.

비즈니스에서는 정답이 없는 문제도 있으 므로 스스로 생각해야 한다.

예를 들어, 단순한 작업이나 계산에는 아무래도 사람보다 AI가 훨씬 뛰어나다. 따라서 이러한 작업은 점점 기계가 맡는 추세이며, 단순 작업자는 직업을 잃게 되고, AI와 공존하면서 가치를 창출할 수 있는 인재만이 비즈니스 현장에 남게 될 것이다. 요컨대 '가치를 제공하는 인재가 되기 위해 스스로 노력하지 않으면 미래가 없다.'라는 말이다. 이는 위협이 아닌 아주 당연한 사실이다.

정확한 계산은 전자계산기나 스프레드시트 또는 AI가 하면 된다. 어린 시절에 우리가 길러야 했던 계산력은 이러한 전자계산기나 스프레드시트, AI가 하는 계산이었다. 하지만 앞으로 우리가 갖춰야 할 계산력은 다르다. 쉽게 말하면 정답이 없는 문제를 사칙연산을 활용해 수치로 답을 만드는 능력이다. 숫자 알레르기가 있는 사람이나 수학을 어려워하는 사람이라도 괜찮다. 페르미 추정은 누구나 할 수 있다.

계산은 전자계산기나 스프레드시트에 맡기자

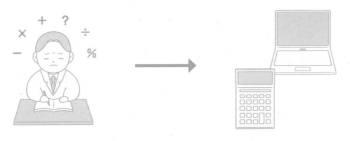

학창 시절부터 수학이 어렵고, 숫자 알레르기가 있는 사람이라도……

어려운 계산은 전자계산기나 스프레드시트, AI에게 맡기고 정답이 없는 문제의 답을 찾는 힘을 기르자.

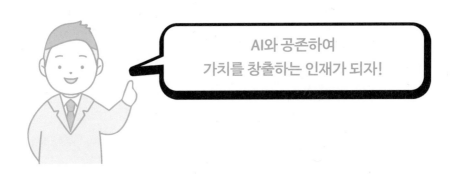

AI와 공존하여
가치를 창출하는 인재가 되자!

사람은 사람다운
수치화를 해야 한다

사람은 직감으로 사는 부정확한 생물이다.
그러나 사람만이 할 수 있는 수치화가 문제의 정답을 알려 준다.

논리와 사실만으로 정답을 내는 수치화는 계산기가 한다. 그 대신 논리만으로 정답을 낼 수
없는 수치화는 사람이 해야 할 사람다운 수치화다. 그렇다면 여기서 사람답다는 건 무슨 뜻
일까?

애초에 사람은 논리적이지 않다. 예를 들어 좋지 않다는 것을 알면서도 밤중에 라면을 먹는
다거나, 분명 맞는 말인 것을 알면서도 상사의 의견에 찬성하지 않거나 한다. 또는 좋아하면
안 되는 사람을 좋아하기도 한다. 이처럼 사람은 매우 직감적으로 산다.

어쩔 수 없이 먹고 싶은 것을 먹고, 싫은 것은 싫어하고, 좋아해서 좋아하게 되는 것이 사람이다.
심지어 사람은 정확하게 행동하는 생물도 아니다. 오늘도 누군가는 지각을 하고 있다.

사람은 논리적으로 사는 것이 아니라 직감적으로 산다

왜……
좋지 않다는 것을 알면서도 밤에 라면을 먹을까?
분명 맞는 말인 것을 알면서도
상사의 의견에 찬성하지 않을까?
좋아하면 안 되는 사람을 좋아할까?

이유는……
사람은 논리적이지 않으며
직감적으로 살기 때문!

시속 5㎞로 걸어 달라는 부탁을 듣고 완벽하게 그 속도로 걸을 수 있는 사람은 없을 것이다. 그리고 우리 대부분은 말과 행동이 일치하지 않는다. 사람은 그렇게 정확하지 않다.

직감으로 살고 정확하지 않은 것이 사람인데 '수치로 생각하는' 행위가 직감적이고 정확하지 않아도 괜찮지 않을까?

사람다운 수치화란 계산기가 절대 할 수 없는, 사람만 할 수 있는 수치화를 뜻한다. 이는 사람만이 가능한 방법으로 문제의 답을 찾는 것이며, 기계가 할 수 없는 인간적이고 직감적인 처리를 뜻한다. 사람다운 수치화는 반드시 당신의 업무에 변화를 주고 당신의 미래에도 도움이 될 것이다.

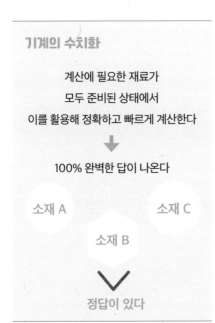

기계의 수치화

계산에 필요한 재료가
모두 준비된 상태에서
이를 활용해 정확하고 빠르게 계산한다

↓

100% 완벽한 답이 나온다

소재 A   소재 C
소재 B

∨
정답이 있다

사람만의 수치화

계산에 필요한 재료가 모두
준비되지 않은 상태에서 가정이나 전제를
활용해 대략적인 계산을 한다

↓

도출한 답의 정확도는 아무도 모른다

소재 A   소재 C
소재 B

∨
정답이 없다

사람다운 수치화는
당신의 미래에 도움이 된다!

애매한 문제를
수치화하자

'대략 얼마?'라는 질문에는 대부분 정답이 없다.
그러니 이제 정답 찾기는 그만하자.

'오늘 전국에서 도시락으로 주먹밥을 싸 온 사람은 몇 명일까?'라고 질문하면 대부분은 곧바로 '애매하네.'라고 생각한다. 이를 다른 말로 표현하면 '짐작도 안 되는데요.' '전혀 모르겠는데요.'라고 할 수 있다.

이 '애매하다.'라는 말이 절로 나오는 '감도 안 잡히는 것'을 짐작하는 방법이 페르미 추정이다. '어느 정도로 효율화하면 되지?' '리스크는 어느 정도일까?' '예산은 얼마나?' 등의 문제가 여기에 속한다.

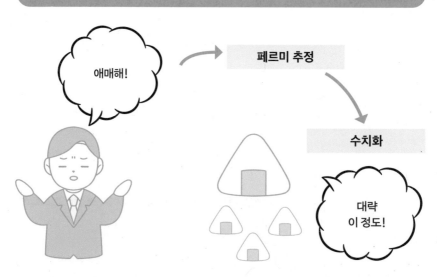

오늘 전국에서 도시락으로 주먹밥을 싸 온 사람은 몇 명?

'감도 안 잡힌다.'는 말이 절로 나오는 '대략 어느 정도?' 같은 질문에는 대개 정답이 없다. 그래서 여러 방법을 사용해 어떻게든 대략적인 수치를 도출했다고 치자. 하지만 그것이 정답인지 아닌지 알 방법이 없다.

비즈니스에서는 정답이 없는 질문에도 어느 정도의 대답을 만드는 편이 좋을 때가 많다. 예를 들어 '당신이 1년간 일해서 회사에 기여한 이익은 대략 얼마인가?'라는 질문에 수치로 대답할 수 있다면, 회사와 연봉 협상을 할 때 유리할 수 있다. 자신의 가치를 수치로 말했다면 '애매한' 문제의 답을 도출했다는 증거가 되기 때문이다. 이때 필요한 것이 전제나 가정 같은 사람의 직감을 따르는 사고다. 우리는 '정답'을 찾지 말아야 한다. 애초에 '정답'은 존재하지 않으며, 그건 찾는 것이 아니라 스스로 만드는 것이다. 이제 스스로 깊이 생각하여 답을 도출해 내야 하는 시대가 되었다.

정답이 없는 질문에 답해 보자!

직감에 의존하여 정답이 없는 문제에 답해 보자.
그러려면 평소에 다양한 것에 의문을 가지고 그 답을 생각하는 버릇을 들여야 한다.

?
○○는 어느 정도이지?
○○의 개수는?

페르미 추정은 짐작할 수 없는 수치를
논리적으로 어림셈하는 것!

문제 해결을 위해 어림잡아
생각할 수 있어야 한다

페르미 추정의 특징은 짐작이 어려운 것을 짐작한다는 점이다.
이는 AI가 아닌 사람이 잘할 수 있는 일이다.

지금까지 소개한 페르미 추정의 특징을 정리하면 세 가지다. ① 짐작하기 어려운 문제를 짐
작하는 행위이며, ② 정확한 수치 계산이 아니라 어림셈해도 되는 것(정확하지 않아도 된다)
③ 논리와 직감을 둘 다 사용하는 것이다. 이 특징을 이용해서 페르미 추정을 한다.

예를 들어 회사원은 '지금 우리 회사 분위기가 나쁘다.'라고 생각할 수 있다. 이렇게 사람은
분위기를 잘 파악하지만, AI는 어렵다.

또는 당신이 처음 간 음식점 앞에 기다리는 사람이 아주 많다고 하자. 사람들이 줄을 선 모습
을 보고 바로 추측해 '30분 정도 걸리려나?'라며 시간으로 표현할 수 있지만, 주관이 없는 AI
는 그런 상황에서 즉시 추측하기가 어렵다.

이처럼 '애매한 문제'를 모르는 채로 둘지, 아니면 생각하는 힘을 활용해 대략적인 상태를 파
악할지에는 큰 차이가 있다. '대략 어느 정도?'를 파악할 수 있는 사람은 비즈니스를 시작하
기 전에 상품의 국내외 소비자 수나 시장 규모도 대략 파악할 수 있다. 그러면 상품 전략도
구체적으로 짤 수 있다. 그러면 '전략을 세울 수 없는' 문제의 해결 방법도 찾기가 쉬워질 것
이다. 이렇게 페르미 추정을 능숙하게 하다 보면 머리가 좋은 사람, 즉 문제 해결을 잘하는 사
람이 된다.

페르미 추정의 세 가지 특징

① 짐작하기 어려운 문제를 짐작하는 행위
② 정확한 수치 계산이 아니라 어림셈해도 되는 것(정확하지 않아도 된다)
③ 논리와 직감을 둘 다 사용하는 것

Q 지금 눈앞에 대기 줄이 있다. 내가 줄을 선다면 어느 정도 걸릴까?

Q 오늘 밤 전국에서 생맥주를 마시는 사람은 대략 몇 명일까?

Q 오늘 당신이 탄 전철의 총 승객 수는 대략 몇 명일까?

Q 당신이 1년간 일해서 회사에 기여한 이익은 대략 얼마인가?

'대략 어느 정도'를
파악하는 것이 중요하다!

페르미 추정에는
사고 과정이 중요하다

중요한 것은 정답을 찾아 가는 과정이다.

예를 들어 '일본에 편의점은 몇 개가 있을까?'라는 문제가 있다고 하자. 물론 인터넷 검색은 안 된다. 정답을 모른 채 얼마나 논리적으로 추론할 수 있는지가 페르미 추정이기 때문이다. 검색으로 정답을 찾는다면 사고 트레이닝을 할 수 없다.

만약 당신이 어떤 방식으로든 접근해서 약 6만 개 점포라고 추정했다고 하자. 이때 실제 일본 내 점포 수가 55,926점포라고 하자(2022년 8월, 일본 프랜차이즈 체인 협회《편의점 통계 조사 월보(コンビニエンスストア統計調査月報)》참고). 그렇다면 약 6만 개 점포라는 추정 결과는 '오답'일까? 그렇지 않다. 단서가 아주 적었지만, 나름 논리적으로 생각해서 내린 결론의 오차가 그 정도라면 충분히 합격선이다. 심지어 이 55,926개라는 수치 또한 금방 바뀔 것이다. 이러한 의미에서 페르미 추정에는 절대적인 정답이 없다.

그러나 이처럼 정답이 없는 문제를 보면 짜증이 난다는 사람도 있을 것이다.

나는 학창 시절부터 정답이 있는 문제를 잘 푸는 편이었다. 학교에 정답이 없는 문제만 있었더라면 수험이라는 시스템은 성립하지 않았을 것이다. 하지만 학교를 졸업하고 사회로 나가

페르미 추정에는 절대적인 정답이 없다

실제 수치와 일치하지 않아도 약간의 오차 정도는 괜찮다.
정답이 없는 문제의 답을 얼마나 논리적으로 도출할 수 있는지가 중요하다.

페르미 추정 약 6만 개 점포		실제 수치 55,926개 점포

면, 정답이 없는 문제의 답을 구해야 하는 경우가 비일비재하다.

페르미 추정은 IT 기업이나 외국계 기업의 채용 면접(케이스 면접)에서 자주 활용된다. 기업은 지원자가 그 자리에서 도출한 답의 수치가 얼마나 정확한지에 대해서는 별로 관심을 갖지 않는다. 그보다는 '애매한' 문제를 접했을 때 어떻게 대응하는지 또는 머리를 어떻게 쓰는지를 보고 회사에 필요한 인재인지 확인한다. 페르미 추정에서는 도출한 답이 정답인지는 중요하지 않다. 그보다는 답을 내기까지의 사고 과정, 즉 머릿속에서 어떠한 행위를 했는지가 중요하다.

케이스 면접에 등장한 페르미 추정

외국계 기업이나 IT 기업의 채용에서는 '케이스 면접'을 보기도 한다.
이때 페르미 추정을 활용한 사고가 필요하다.

케이스 면접이란?

면접자에게 문제를 내고 제한 시간 내 답을 정리하는 능력을 보는 면접 방식이다. 도출한 수치의 정확도는 상관없다. 그보다는 유연한 사고가 가능한지, 논리적으로 어떻게 답을 도출했는지 등을 보고 합격 여부를 판단한다.

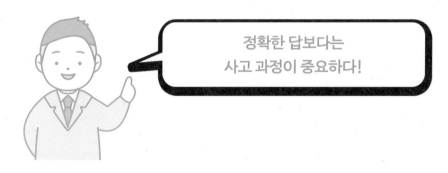

정확한 답보다는
사고 과정이 중요하다!

페르미 추정에 중요한
가정, 분해, 비교

머리가 좋은 사람이 활용하는 세 가지는 무엇일까?
그리고 이 책의 구성과 읽는 방법도 함께 설명하겠다.

이 책에서 예시로 든 모든 문제는 '가정', '분해', '비교'라는 세 가지 사고법만 잘 활용하면 정답을 도출할 수 있게 만들었다. 머리가 좋은 사람은 이 세 가지를 조합하여 생각한다. 만약 '20가지 사고를 해야 페르미 추정을 할 수 있다.'고 한다면, 당신은 이 책을 더 이상 읽고 싶지 않을 것이다. 하지만 겨우 세 가지다. 이 세 가지 사고법을 올바르게 이해하고 간단한 연습을 철저하게 반복하다 보면, 페르미 추정이 결국 재미있게 느껴질 것이다. 즉, 머리가 좋은 사람의 사고법을 몸에 익힐 수 있다는 뜻이다. 언뜻 보고는 '어려울 것 같네.' '나는 못 해.'라고 생각할지 모르지만, 사실 아주 단순한 트레이닝만 해도 능숙해질 수 있다는 걸 이제 이해했을 것이다.

Part 2부터는 '가정', '분해', '비교'에 대한 구체적인 해설을 읽은 후, 실제로 연습해 볼 것이다.

머리 좋은 사람의 세 가지 사고법

분해하기

가정하기

비교하기

당신도 아주 어릴 적 수학 숙제로 비슷한 문제를 몇 번이나 푸는 반복 연습을 해 보지 않았는가? 이 책의 연습도 비슷하다. 페르미 추정은 지식이 아닌 머릿속에서 하는 사고이다. 그러니 몸이 아닌 머리로 익혀야 한다. 그러니 즐겁게 트레이닝해 보자.

Part 5는 종합 트레이닝으로 조금 더 수준 있는 문제를 준비했다. 정답이 없는 만큼 여러 각도로 재미있게 풀 수 있는 문제다. 비결은 게임을 하듯이 즐기는 것이다. '잘 풀어야지.' '틀리지 말아야지.' 같은 생각은 하지 말자. 너무 의식하면 스트레스를 받게 된다. 감이 오지 않는다면 그만하고 재밌어 보이는 다른 것부터 해 보자. 우선은 가벼운 마음으로 부담 없이 도전해 보기를 권한다.

페르미 추정을 즐기는 방법(놀이법)

'Part 5 종합 트레이닝'에서는 페르미 추정을 활용할 수 있는 실제적인 문제를 실었다. 각기 '전제', '논리', '계산'이라는 순서를 따라 생각하면 나만의 답을 발견할 수 있다.

전제 '전제'는 문제를 풀 때의 조건이나 규칙이다.

논리 이 책에서 해설하는 '가정', '분해', '비교'이다.

　　가정 답을 내는 쪽에서 임시로 정해 둔 사항들이다. 애매한 상태를 수치로 변환한다.

　　　→　Part 2 (p.40)

　　분해 '그것은 무엇으로 이루어져 있는가?'를 생각해서 대상을 작은 요소로 나눈다.

　　　→　Part 3 (p.66)

　　비교 어떤 것과 다른 것을 비교해서 수치로 환산한다.

　　　→　Part 4 (p.88)

계산 '논리'로 도출한 숫자를 토대로 계산해서 정답을 도출한다.

페르미 추정은 매우 단순하다.
그러니 꼭 도전해 보자!

페르미 추정에 대해

채용 시험에서 자주 활용하는 페르미 추정은 노벨 물리학상 수상자인 이탈리아의 물리학자 엔리코 페르미의 이름에서 따온 것이다.

페르미 추정은 이탈리아 로마 출신 물리학자 엔리코 페르미(Enrico Fermi)(1901~1954)에게서 유래했다. 그는 페르미 입자나 페르미 분포 등 물리학의 역사에 위대한 업적을 남겼으며 1938년에는 노벨 물리학상을 받았다.

이론물리학자면서 실험물리학자인 그는 '어림잡아 어느 정도'라는 추정 수치를 잘 도출한 것으로 유명하다. 시카고 대학에서 교편을 잡았던 페르미는 어느 날 강의 시간에 학생들에게 다음과 같은 문제를 냈다.

'시카고에는 피아노 조율사가 몇 명 있을까요?'

그가 낸 문제들 중에서 아주 유명한 문제이기도 하다. 이외에도 학생들에게 비슷한 문제를 냈다.

페르미는 왜 이처럼 정답이 없는 문제를 물리학과 학생들에게 냈을까? 물리학은 실험 결과나 구해야 하는 답을 어림으로 예측하는 능력이 필수인 학문이기 때문이다.

이과 계열 학생들은 예측을 토대로 실험의 세부 이론을 세운다. 간혹 실험 결과가 예상한 수치에 근접하지 않으면 실험 방법에 부족한 부분이 있다는 증거가 된다.

분석이나 사고법에 다양하게 응용할 수 있는 페르미 추정은 최근 컨설팅 회사 등에서 채용 시험의 논리적 사고력 측정에 활용되고 있다. 페르미 추정은 구글이 면접시험에서 추정 문제를 출제하면서 더욱 주목받고 있다.

페르미 추정은 불분명한 경우에도 약간의 데이터나 한정된 정보를 토대로 논리적으로 추론하고, 어느 정도 오차가 있다는 전제하에 수치를 도출하는 방법이다.

시카고에는
피아노 조율사가
몇 명 있을까요?

엔리코 페르미(1901~1954)

Part 2

가정
트레이닝

처음 만난 거래처의
담당자는 몇 살일까?

애매한 것을 수치로 표현하려면 세 가지 단계를 거쳐야 한다.
그 첫 단계는 '가정'이다.

Part 1에서 설명한 것처럼 페르미 추정은 '대략 이 정도'라고 어림한 수치로 답을 내는 것이다. 이때 답을 내려면 '가정', '분해', '비교'라는 세 단계를 거쳐야 한다. 이 세 단계 중 가장 먼저 익혀야 하는 것이 '가정'이다. 아무리 분해하고 비교해도 먼저 '이렇다'라고 가정하지 않으면 정답을 낼 수 없다.

쉬운 예로 회사 동료와 평소 잘 모르고 지내는 다른 부서 사람의 나이를 이야기하고 있다고 하자. "영업부의 A 씨는 몇 살 같아?"라는 질문을 받으면 보통은 '그걸 어떻게 알아?'라고 생각한다.

처음 만난 거래처의 담당자는 대체 몇 살일까?

우리는 어떤 사람을 처음 보면 무의식적으로 나이를 추측한다. 정답은 알 수 없지만,
외모나 몸에 걸치고 있는 것, 행동 등을 통해 가정할 수 있다.

이때 누가 "40대 중반 같다."라고 말했다고 하자.

이것이 '가정'이며 페르미 추정에서 가장 먼저 필요한 사고다. 그저 "몇 살인지 정말 모르겠어."라고 말한다면 더 이상 진전은 없다. 즉 'A 씨는 몇 살이지?'라는 질문에 답하기 위해서는 가정이 빠질 수 없다. 이처럼 애매한 상태를 수치로 변환하는 것을 '가정'이라 한다.

가정은 비즈니스 업무의 어떤 상황에서 도움이 될까? 예를 들어 신규 사업 진행을 두고 매출 추이를 예상한다고 하자. 첫해 매출액, 3년째 매출액, 5년째 매출액이 어떠한 성장 곡선을 그릴지는 아무도 알 수 없다. 따라서 '잘 모르겠다.'고 답하는 사람이 많을 것이다. 그러나 사업을 시작하려면 '대략 어느 정도일까?'라는 질문에 대한 답은 대강이라도 알아야 한다. 이때 필요한 것이 가정이다.

가정하여 답을 도출하자

대략적인 수치를 직감으로 도출하는 것이 페르미 추정의 핵심이다.
가정하면 도출해야 하는 답에 한 걸음 가까워진다.

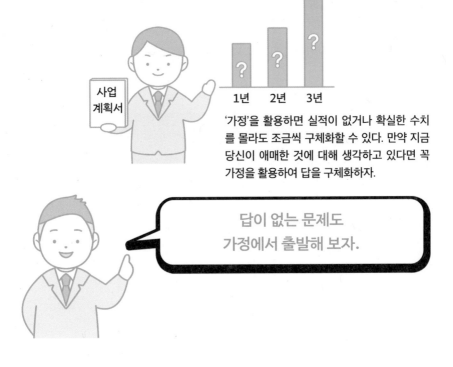

'가정'을 활용하면 실적이 없거나 확실한 수치를 몰라도 조금씩 구체화할 수 있다. 만약 지금 당신이 애매한 것에 대해 생각하고 있다면 꼭 가정을 활용하여 답을 구체화하자.

답이 없는 문제도
가정에서 출발해 보자.

가장 먼저
가정 사고법을 익히자

팩트(사실)를 몰라도 어섬션 베이스를 활용하면
정답이 없는 문제의 답을 찾을 수 있다.

인터넷의 보급으로 원하는 데이터를 손쉽게 얻을 수 있는 시대가 되었다. 그래서 숫자로 된
데이터라는 '사실', 즉 '팩트'를 충분히 알 수 있으며, 이를 토대로 생각하는 것을 팩트 베이스
라고 부른다. 그러나 사실을 모른다면 우리는 주관이나 직감으로 가정하여 생각해야 한다.
이처럼 가정을 기초로 한 사고를 어섬션 베이스라고 한다. 이때 어섬션(assumption)이란 '가
정' 또는 '추정'이라는 뜻이다.

'신규 사업의 첫해 실적은 어느 정도일까?'라는 질문을 받으면 대부분 답하기 어려워한다.
신규 사업이어서 실적이 없기 때문이다. 이 점이 팩트 베이스의 한계다. 이럴 때는 추정이나
가정 같은 사람의 직감에 기대어 생각해야 한다. 팩트가 없으니 일을 진행하기 위해서라도
가정을 해야 하는 것이다. 예를 들어, 객단가는 얼마이고, 찾아오는 고객은 몇 명 정도일 거

팩트 베이스와 어섬션 베이스의 차이

팩트 베이스

◊ 팩트(사실)를 토대로 빠르고 정확하게
계산한다

↓

AI의 특기

어섬션 베이스

◊ 가정을 토대로 생각한다
◊ 주관과 직감으로 수치화한다

↓

사람의 특기

라 가정하면 첫해의 실적을 대강 구할 수 있다.

비즈니스에서 현실적으로 무언가를 제안하고 설명할 때 팩트를 이미 완벽하게 다 갖춘 경우는 드물다. 이럴 때 가정으로 결론을 도출할 수 있다면 당신의 업무는 분명 수월해질 것이다.

어섬션 베이스란?

어섬션 베이스는 가정하여 생각하는 힘을 말한다. 당장은 팩트(사실)를 몰라도 숫자를 가정해서 생각하다 보면 정답이 없는 질문의 대답을 도출할 수 있다.

신규 사업의 첫해 실적은 어느 정도일까?

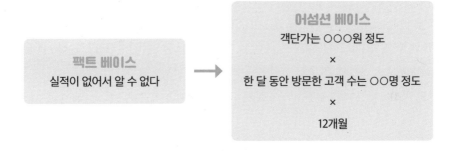

팩트 베이스
실적이 없어서 알 수 없다

→

어섬션 베이스
객단가는 ○○○원 정도
×
한 달 동안 방문한 고객 수는 ○○명 정도
×
12개월

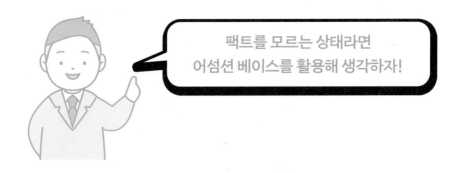

팩트를 모르는 상태라면
어섬션 베이스를 활용해 생각하자!

직감이나 주관을 활용해
수치로 변환하자

애매한 상황을 구체화하려면 주관적인 수치로 변환해야 한다.
그러려면 먼저 기준을 수치로 만들어야 한다.

객관적인 데이터나 근거가 없다면 주관적인 당신의 답을 수치로 바꿔 보자. 조금 어렵게 느껴지겠지만 사실은 그렇지 않다는 걸 알게 될 것이다. 사실 우리가 평소에 자연스럽게 활용하는 방법이다.

예를 들어, 스마트폰으로 앱이나 웹 서비스를 이용하다 보면 '이 서비스의 만족도를 평가하면 몇 점입니까?' 같은 설문 조사가 나온다. 그러면 아마도 당신은 잠시 생각한 뒤 점수를 줄 것이다.

이것이 바로 주관적인 수치로 바꾸는 행위다.

'주관적인 수치로 변환하기'는 무엇일까?

당신이 사용한 앱의 만족도를 평가해 주세요

📍 5점 만점으로 평가하면 몇 점? ➡ 수치로 확실히 답할 수 있다

주관적인 수치로 변환하려면 먼저 기준을 설정해야 한다

📍 최고점은 5점

⬇

우리는 최고와 실제를 비교해서
최고와 얼마나 다른지 그 차이를 주관적으로 수치화한다.

만족감에 점수를 매기기란 애매하다. 그러나 5점 만점 평가라는 시스템을 활용하면 정확한 수치로 평가할 수 있다. 자유롭게 기술하는 설문 조사라면 감상을 남기는 정도로 그친다. 그러면 객관적으로 얼마나 좋고 나쁜지를 확실히 표현하기가 어렵다.

그런데 '5점 만점에 몇 점?'이라고 물으면 대부분 수치로 답한다.

이 과정에서 난해한 수학적 이론을 사용하지도 않는다. 이것이 바로 매우 직감적인 사고를 활용해 결론을 도출하는 전형적인 예다.

애매한 문제를 대략적 수치로 바꾸는 포인트

애매한 문제를 수치로 변환할 때는 '정의', '직감적 가정', '계산'이라는
세 가지를 생각하는 것이 중요하다.

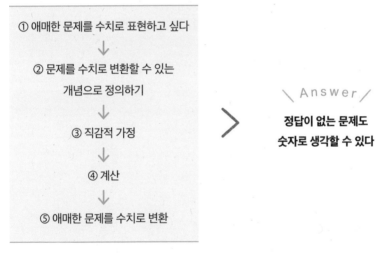

① 애매한 문제를 수치로 표현하고 싶다
↓
② 문제를 수치로 변환할 수 있는
개념으로 정의하기
↓
③ 직감적 가정
↓
④ 계산
↓
⑤ 애매한 문제를 수치로 변환

＼ Answer ／

**정답이 없는 문제도
숫자로 생각할 수 있다**

정답 여부는 신경 쓰지 말고
게임하듯 즐겨 보자.

모든 사람이 동의하는 수치를 도출하려면?

**큰 수치와 작은 수치, 이 둘의 중간에 있을 법한 수치를 답으로 삼자.
그러면 동의할 만한 수치가 나온다.**

가정으로 도출한 수치의 근거가 주관이나 직감이기에 설득력이 없다고 느끼는 사람도 있을 것이다. 사람들이 동의할 수 있게 수치화하는 데는 나름의 비결이 있다.

바로 극단적으로 큰 숫자와 작은 숫자를 이야기하고 그 중간 숫자를 답으로 하는 방법이다. 가장 큰 수라면 어느 정도일지 생각하고, 반대로 가장 작은 수도 어느 정도인지 생각한다. 즉 이 범위를 웃돌거나 밑돌지 않을 위아래 두 개의 수치를 정하는 것이다.

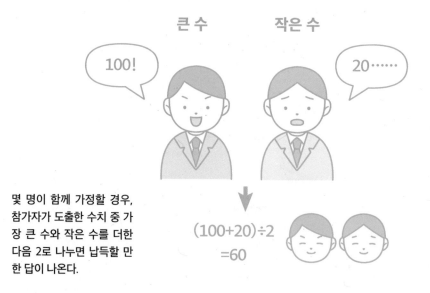

모든 사람이 동의하는 답을 내는 방법

큰 수   작은 수

100!   20······

$(100+20) \div 2$
$=60$

몇 명이 함께 가정할 경우, 참가자가 도출한 수치 중 가장 큰 수와 작은 수를 더한 다음 2로 나누면 납득할 만한 답이 나온다.

대강 상상해서 정해도 괜찮다. 그런 후 이 두 수치의 중간 정도를 우선 답으로 수치화하자. 그러면 어느 정도 모두가 동의할 만한 답이 나올 것이다.

사람은 긍정적인 사람과 부정적인 사람으로 나눌 수 있다. 같은 주제를 보여 줘도 아주 긍정적으로 생각하는 사람이 있는가 하면 그 반대인 사람도 있다. 이러한 페르미 추정을 연습하는 연구나 세미나에서 그룹 워크 형태로 행사를 진행해 보면, 같은 그룹 내에서도 부정적 성향인 사람은 작은 수치를 말하고 긍정적 성향인 사람은 큰 수치를 말한다. "그렇다면 이 그룹의 결론은 어떠한가요?"라고 질문하면 대부분은 그 중간 정도의 수치를 말한다. 그러면 그 결론이 팀원 전원의 동의를 얻는다. 이처럼 정답을 위아래 두 수치의 중간 정도로 생각하는 건 수치를 가정하는 방법 중에서 가장 좋은 방법이다.

여러 사람이 함께 회의할 때 이 방법을 활용하면,
참가자들이 직감으로 가정할 수 있다.

구체적인 수치를 가정하는 방법이므로
잘 활용해 보자!

이해를 돕는
연습 문제 챌린지

각 Part의 마지막에 나오는 연습 문제를 풀어 보면
페르미 추정에 필요한 사고를 익힐 수 있다.

이 책의 각 Part 마지막에는 연습 문제가 실려 있다. 반복 연습을 하듯이 많은 문제를 풀어 보면 페르미 추정에 필요한 사고방식을 익힐 수 있다.

우선 스스로 생각해서 질문에 답해 보자. 그러면 분명 점점 재미있어질 것이다.

그리고 문제를 다 풀었다면 이번에는 가족이나 친구에게 이 연습 문제를 소개해 보자. 당신 주변 사람 중 얼마나 많은 사람이 대답할 수 있을까? 그 수치는 당신이 낸 수치와 차이가 많이 나는 편인가? 아니면 꽤 비슷한가?

비슷한 수치가 나왔다면 '역시 그 정도구나.' 하고 맞장구치며 서로 왜 그렇게 생각했는지 이야기를 나눠 보자. 발상이나 착안점이 닮았다는 등 어떤 공통점을 찾을 수도 있다. 또는 접근법은 완전히 달랐는데 수치가 거의 비슷할 수도 있다.

만약 서로 도출한 수치가 많이 다르다면 어떨까? 그러면 '왜 이렇게 다르지?'라는 의문이 생긴다. 어떤 부분에 주목해서 어떻게 이 수치를 도출했는지 서로 궁금해질 것이다.

그러다 보면 '왜 그럴까?'라는 대화가 오가게 된다. 이러한 대화는 비즈니스에서 매우 건설적인 대화로 이어질 수 있다. 영업 사원이라면 '다음 분기 매출은 어느 정도일 것 같습니까? 저는 이 정도로 예상합니다.' '아니, 저는 이 정도라고 생각합니다.' 같은 대화를 할 수 있다. 그리고 '그렇게 생각한 이유는?'이라며 서로가 가진 정보를 공유하고 비전을 이야기하는 대화의 장을 만들어 갈 수 있다.

① 직감으로 답하자!

각 연습 문제는 직감으로 수치를 내는 연습 과정이다. 깊이 생각하지 말고 곧바로 떠오른 생각을 빠르게 대답하자.

② 반복 연습하자!

우선 페르미 추정 사고방식을 익히는 것이 중요하다. 다른 비슷한 문제를 떠올리거나, 친구와 서로 문제를 내 보는 등 하며 반복 연습을 하자.

③ 정답 여부는 신경 쓰지 말자!

연습 문제는 크게 어렵지 않다. 우리 주변에서 쉽게 볼 수 있는 문제를 담았다. 정확함보다는 우선 답을 내는 데 집중하자.

④ '왜 그럴까?'를 우선시하자

직감으로 답을 내긴 했어도 '왜 그렇지?'라는 의문이 드는 문제가 있다. 달리 말하면, 페르미 추정의 출발 지점에 있는 셈인 것이다. 이 책을 읽으며 좀 더 자세히 알아보자.

> 각 문제는 기초적인 연습이다.
> 더 구체적인 페르미 추정 문제에 도전하고
> 싶다면 'Part 5 종합 트레이닝'의
> 문제를 풀어 보자.

Q 1 uestion

당신 집에서 도보 1분 거리 안에
전봇대가 몇 개 있는가?

Answer

Q 2 uestion

음식점에서 먹을 수 있는
김치볶음밥의 평균 가격은?

Answer

Q 3 uestion

당신 집에서 가장 가까운 역에
있는 편의점의 수는?

Answer

**맥도날드의 객단가는
얼마인가?**

 **당신의 한 달 전기 요금은?**

Answer

 **도쿄에 거주하는 여자는
몇 명일까?**

Answer

Q 7 question

당신이 일주일간 마시는
커피는 몇 잔?

Q 8 question

내일 아침 9시에 회사에
출근한 사람은 몇 명?

Answer

Q 9 question

서류 가방에는 문고판 책이
몇 권이나 들어갈까?

Q 10
question

당신이 오늘부터 일주일간
먹을 음식의 개수는?

Answer

Q 11
question

당신이 오늘부터 일주일간
유튜브를 시청할 시간은?

Answer

Q 12
question

당신이 오늘부터 일주일간
엑스에 글을 올릴 횟수는?

Answer

Q **uestion** **13** 당신이 오늘부터 일주일간
인스타그램에 업로드할
사진은 몇 장인가?

Answer

Q **uestion** **14** 당신의 가장 친한 친구는
현재 구두를 몇 켤레나
가지고 있을까?

Answer

Q **uestion** **15** 당신이 1㎞를 걷는 데
걸리는 시간은?

1 km

Answer

Q uestion **16**   당신의 말버릇은
몇 개인가?

거짓말이지!?

음……

무슨 말이냐면

아니~

Answer

Q uestion **17**   지금까지 노래방에 간 횟수는?

Answer

Q uestion **18**   당신 주변에 기혼자는
몇 명인가?

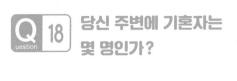

Answer

Q **19** 어제 마주친 사람 중 자전거를
탄 사람은 몇 명인가?

Answer

Q **20** 당신은 휴대전화를 평생
몇 대 쓸까?

Answer

Q **21** 당신은 내일 노트북을
몇 번이나 열까?

Answer

당신은 평생 몇 개의 자격증을 딸까?

Answer

 당신은 내일 시계를 몇 번이나 볼까?

Answer

 **당신은 평생 몇 개의 나라를 방문할까?**

Answer

Q 25 당신은 평생 몇 개의
지갑을 사용할까?

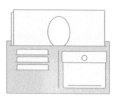

Answer

Q 26 평소 자주 외식하는 가게의
와인 잔은 몇 개일까?

Answer

 Q 27 당신은 오늘부터 1년 동안
명함을 몇 번 교환할까?

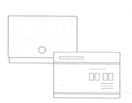

Answer

Q 28 당신은 오늘부터 1년 동안
마요네즈를 몇 개 소비할까?

Answer

Q 29 당신이 사는 동네의 그네는
몇 개일까?

Answer

Q 30 당신이 배달해서 먹는 초밥의
평균 가격은?

Answer

Q **31** 당신이 사는 동네에
우체통은 몇 개인가?

Answer

Q **32** 당신은 평생 화장실 청소를
몇 번 할까?

Answer

Q **33** 당신 회사에서 1㎞ 이내에 있는
자판기는 몇 대일까?

Answer

Q **34** 당신은 어제 몇 개의 계단을
올랐을까?

Answer

Q **35** 당신이 최근 휴일에 걸은
걸음 수는?

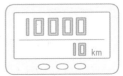

Answer

Q **36** 당신은 지난 일주일간
'좋은 아침입니다.'를
몇 번 말했는가?

좋은 아침
입니다

Answer

Q 1 당신이 1분 동안 걷는 거리는 어느 정도인가?

Q 2 가게마다 그 음식의 가격은 얼마였는지 생각하자.

Q 3 자주 다니는 역 주변의 모습을 떠올려 보자.

Q 4 커플이나 아이를 동반한 사람, 그룹 등 가게에 오는 고객층의 이미지를 떠올려 보자.

Q 5 계절마다 다르므로 연간 평균을 생각하자.

Q 6 도쿄도의 인구를 참고하자.

Q 7 외출했을 때와 집에 있을 때를 나누어 생각하자.

Q 8 직장의 직원 수에 비례해서 어느 정도 비율로 출근했는가?

Q 9 문고판 책과 서류 가방의 크기를 대강 떠올리자.

Q 10 지금까지 먹은 음식 메뉴를 떠올리자.

Q 11 출근 중이나 휴식 시간 등 하루에 몇 시간 시청하는지 생각하자.

Q 12 하루에 몇 번이나 엑스를 열어 보는지 떠올리자.

Q 13 지난 일주일간 인스타그램에 몇 번이나 글을 올렸는지 떠올리자.

Q 14 친구와 만났을 때 신었던 구두를 떠올리자.

Q 15 당신은 100m를 걷는 데 몇 분 몇 초 걸리는가?

Q 16 당신의 말버릇을 떠올리자.

Q 17 예를 들어, 1년 동안 얼마나 갔을까?

Q 18 가족, 친구, 동료나 회사 관계자의 가족 구성을 떠올리자.

Q 19 출근할 때나 쇼핑하러 갈 때의 경로를 떠올리자.

Q 20 이제까지 쓴 휴대전화는 몇 대일까? 또 앞으로 평균 수명까지 당신의 인생은 몇 년 남았을까?

Q 21 평소와 내일의 일정을 함께 생각하자.

Q 22 현재 보유한 자격증과 앞으로 따려는 자격증은 몇 개인가?

Q 23 스마트폰이나 스마트워치를 포함해 당신의 생활 공간에 있는 시계를 모두 파악하자.

Q 24 지금까지 방문한 곳과 앞으로 갈 곳을 나누어 생각하자.

Q 25 몇 년 주기로 바꾸고 있을까?

Q 26 좌석 수나 제공하는 음료 종류를 떠올리자.

Q 27 어느 정도 비율로 명함을 교환하는가?

Q 28 한 통을 다 쓰는 데 몇 개월이 걸릴까?

Q 29 가 본 적 있는 동네 공원을 떠올리자.

Q 30 개당 가격과 매회 주문 개수는?

Q 31 우체통이 어디에 있는지 떠올리자.

Q 32 며칠마다 청소하고 있는지 생각하자.

Q 33 자판기는 대략 몇 미터마다 있을까?

Q 34 당신이 자주 오르는 계단의 개수는?

Q 35 최근 휴일에 어디에 갔는지 떠올리자.

Q 36 우선 어디에서 인사했는지 생각하자.

Part
3

분해
트레이닝

대상을 작게 분해하여
생각하자

Part 3에서는 '분해'에 대해 생각해 보자.
대상을 자잘하게 나누면 몰랐던 것을 알게 된다.

'가정' 다음에 익혀야 할 것은 애매한 부분을 수치화하는 데 필요한 두 번째 단계, '분해'다.
분해는 다른 말로 하면 잘게 나눈다는 것이다. '시간대를 나누었다.'라든가 '요소를 나누었
다.'라는 것처럼 이는 대상을 나누는 것이다.

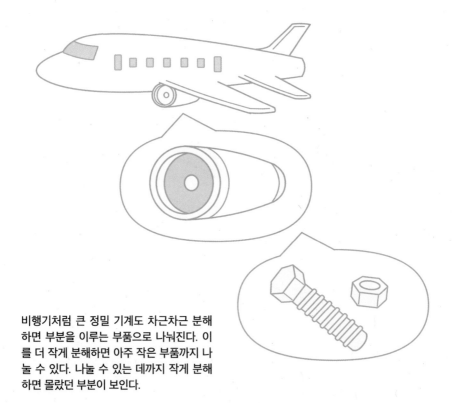

비행기처럼 큰 정밀 기계도 차근차근 분해
하면 부분을 이루는 부품으로 나눠진다. 이
를 더 작게 분해하면 아주 작은 부품까지 나
눌 수 있다. 나눌 수 있는 데까지 작게 분해
하면 몰랐던 부분이 보인다.

사실 분해는 아주 단순하다. 구체적으로 말하면 애매한 부분을 수치화할 때, 곱셈으로 분해하거나 덧셈으로 분해하는 것이다. 분해는 이런 '큰 수'를 '작은 수'로 세분화하는 사고방식과 닮았다. 예를 들어, 정밀 기계가 오작동을 일으켰을 경우, 그 원인은 대개 어딘가에 있는 작은 부품이 고장 났기 때문이다. 비행기 사고 같은 문제가 발생하여 날개나 엔진 등을 조사한다면 나사 한 개까지 살펴보고 그 원인을 찾는다. 엔진에 생긴 문제를 자세히 조사해 보면 결국 작은 부품이 원인인 경우가 많다. 즉 고장 난 부분을 고치려면 세세한 부분까지 확인해야 하는 것이다.

마찬가지로 대상을 분해할 때는 나눌 수 있는 데까지 작게 나눠야 한다. 작게 분해할수록 이제까지 몰랐던 사실을 더 알 수 있기 때문이다.

회사는 어떻게 구성되어 있을까?

대상을 작게 분해하는 연습이라 생각하고 회사를 분해해 보자. 답은 한 가지가 아니다. 부서별로 나누거나, 직원의 직책이나 영업소별로 나눌 수도 있다.

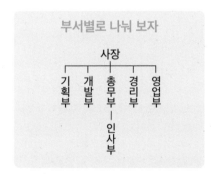

부서별로 나눠 보자

사장
├ 기획부
├ 개발부
├ 총무부 ─ 인사부
├ 경리부
└ 영업부

직책별로 나눠 보자

회장	사외 이사
사장	부장
부사장	차장
전무	과장
상무	주임

본점과 지점으로 나눠 보자

국내
서울 본점	광주 지점
대전 지점	울산 지점
부산 지점	세종 지점
인천 지점	제주 지점
대구 지점	

해외
로스앤젤레스 지점	시드니 지점
호놀룰루 지점	상하이 지점
런던 지점	싱가포르 지점
파리 지점	

사칙연산으로
대상을 나눠 보자

초등학교 산수 시간에 배웠던 곱셈과 덧셈.
이 두 개를 사용해서 각 요소 간의 관계성을 알아보자.

대상을 구성하는 요소를 아주 작게 분해했다면 이제 각 요소가 어떠한 관계성을 맺고 있는지 사칙연산을 활용해 알아보자.

사칙연산 중 곱셈(×)은 어떤 것과 어떤 것이 조합된 상태를 의미한다. 따라서 어떤 것을 분해할 때 사용한다. 예를 들어 '당신 회사 근처에 있는 커피 가맹점의 하루 매상을 분해하시오.'라는 문제가 있다고 하자. 매상은 '상품 가격 × 고객 수'라고 생각할 수 있다.

이어서 대상을 나누려면 또 하나가 더 필요한데, 바로 분류다. 분해가 '하나의 대상을 그것을 형성하고 있는 개개의 요소로 나누는 것'이라면, 분류는 '대상의 공통 성질을 토대로 종류를 나누는 것'이다.

사칙연산으로 분해하기

대상을 나누는 방법은 크게 두 가지다. '분해'는 곱셈(×)을, '분류'는 덧셈(+)을 활용한다.

분해는	분류는
하나의 대상을 그것을 형성하고 있는 개개의 요소로 나누는 것	대상의 공통 성질을 토대로 종류를 나누는 것
↓	↓
곱셈(×)으로 도출하기	덧셈(+)으로 도출하기

그리고 분류는 덧셈(+)으로 도출한다. 예를 들어 앞서 언급한 커피 가맹점의 매상을 구한다면 '매장 내 매상 + 테이크아웃 매상'을 활용할 수 있다. 이렇게 각각의 매상을 정리해 보면 그 가게의 총 매상까지 도출이 가능하다.

어느 커피 가맹점의 하루 매상은?

분해한 경우
매상 = 상품의 가격 × 고객 수

커피 가맹점의 매상을 분해하려면 상품의 가격과 고객 수로 나누고 이를 곱셈하면 도출할 수 있다.

분류한 경우
매상 = 매장 내 음식 매상 + 테이크아웃 매상

분류하려면 매장 내 매상과 테이크아웃 매상으로 나누고 이를 덧셈하면 도출할 수 있다.

이 밖에도 음료 매상과 음식 매상으로 나눈다거나, 원두나 굿즈 판매가 주력인 매장이라면 식음료 매상과 원두나 굿즈 매상으로 나눌 수 있다.

초등학교 수준의
산수로도 충분하다.

실패의 원인을 찾는
분해 뇌를 만들자

각 요소의 관련성을 밝혔다고 끝이 아니다.
분해에는 중요한 규칙이 있다.

참고로 분해할 때는 중요한 규칙이 있다. 바로 '나눌 때는 빠짐없이, 중복 없이' 하는 것이다. 이를 영어로 MECE(Mutually Exclusive and Collectively Exhaustive)라고 하며 '상호 배타적이며 매우 포괄적'이라는 의미다.

혹시 빠진 부분이 있다면 나중에 보완하기 어렵고 중복이 있으면 그 부분을 발견해서 제외하는 일도 쉽지 않다. 따라서 이 규칙은 무언가를 분해할 때 필요한 기본 사고법이다.

프레젠테이션 행위 분해하기

시나리오 작성
- 【정의】 프레젠테이션의 주제나 대상을 정의하기
- 【결론】 동의를 얻고 싶은 주장을 밝히기
- 【근거】 타당한 자료나 증거를 준비하기
- 【순서】 스토리 순서 짜기

자료 작성
- 배포 자료
- 슬라이드 자료 (파워포인트 등)
- 참고 자료

발표 방법 (실제로 전달할 부분)
【도입부】 먼저 취지를 전달하기
【본론】 작성한 시나리오를 간결하게 전달하기
【마지막】 정리하며 다시 취지를 전달하기

리허설
- 목소리 톤이나 크기, 억양을 확인
- 미리 정한 순서가 적절한지 확인

이 순서를 익히는 연습 예제를 하나 소개하겠다. 당신이 학생이든 영업 사원이든 프레젠테이션을 해야 할 때가 있을 것이다. 그렇다면 프레젠테이션이 실패했다고 가정하고 그 실패의 원인을 찾아보자. 처음부터 시나리오가 별로였다거나 자료에 치명적인 오류가 있었다거나 발표 방법이 좋지 않았다거나……. 실패의 원인을 찾은 뒤 나중에 도움이 될 만한 개선점이 있는지 확인하자.

이 책에서는 이러한 사고가 자연스럽게 가능한 머리를 '분해 뇌'라고 부르도록 하겠다. 평소에도 쉽게 할 수 있는 주제이므로 친숙한 주제를 활용해 분해 뇌를 만드는 트레이닝을 해 보자. 이후에도 다양한 예시 문제로 분해 트레이닝을 할 예정이니 '빠뜨리거나 중복된' 부분은 없는지 확인하자.

분해 뇌를 활용해 실패의 원인을 찾자

당신의 프레젠테이션이 실패했다고 가정하고
나중을 위해 분해 뇌를 활용해서 그 원인을 밝혀 보자.

앞 페이지에서 분해한 요소를 보고 실패의 원인을 찾자.

- 처음부터 시나리오가 별로였다?
- 자료에 치명적인 오류가 있었다?
- 발표 방법이 별로였다?
- 리허설이 부족했다?

나중을 위해 개선점을 찾자.

친근한 주제로 트레이닝을 해서
분해 뇌를 만들자!

분해하는 사고법을
습관화하자

분해를 잘하는 사람은 '저건 무엇으로 이루어져 있을까?'라며 스스로 묻고 답한다.
평소에 궁금증을 갖는 습관을 길러 보자.

지금까지 '분해'하는 행위의 구체적인 테크닉을 소개했다. 그렇다면 어떻게 하면 분해를 좀
더 잘할 수 있을까? 대상을 잘게 분해하는 데 능숙한 사람은 '저건 무엇으로 이루어져 있을
까?'라며 자문자답할 수 있다. 분해를 아주 잘하는 사람이 되려면 늘 질문하고 아주 작은 요
소로 나누는 행위를 습관화해야 한다.

예를 들어 보자. 라멘집에 가서 라멘이 나올 때까지 기다리는 시간을 활용해 '라멘은 무엇으
로 이루어져 있지?' 같은 생각을 해 보는 것도 재미있을 것이다. 라멘은 면과 육수, 건더기로
나눌 수 있고 이를 더 작게 나누면 면은 밀가루와 물로, 육수는 닭 뼈와 돼지 뼈를 우린 것으
로 훨씬 더 작게 나눌 수 있다. 돈코츠 라멘이나 미소 라멘 등 종류에 따라 재료도 달라지므
로 상상하는 재미가 있다.

케이스 1. 라멘은 무엇으로 이루어져 있을까?

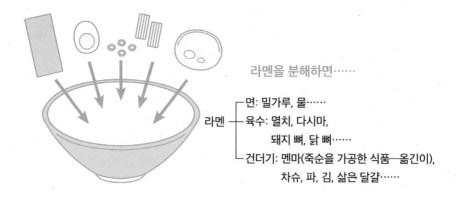

라멘을 분해하면……

라멘 ┬ 면: 밀가루, 물……
　　　├ 육수: 멸치, 다시마,
　　　│　　　 돼지 뼈, 닭 뼈……
　　　└ 건더기: 멘마(죽순을 가공한 식품―옮긴이),
　　　　　　　　 차슈, 파, 김, 삶은 달걀……

이처럼 평소 생활에서 접하는 것을 분해하는 습관을 들이면 당신의 머리도 점점 분해 뇌가 될 것이다.

케이스 2. 잔업은 무엇으로 이루어져 있을까?

잔업
= 실제로 일한 시간 - 정규 근무 시간

케이스 3. 아이의 소풍은 무엇으로 이루어져 있을까?

아이의 소풍
= 전날 준비 + [집합~해산] + 귀갓길
= 전날 준비 + [집합 + 이동 + 활동 + 점심 식사 + 해산] + 귀갓길

케이스 4. 좋은 초밥집은 무엇으로 이루어져 있을까?

좋은 초밥집
= 신선하고 좋은 재료 + 좋은 식초 + 좋은 가게 분위기 + 좋은 쌀 + 솜씨 좋은 직원

다른 케이스도 생각해 보자!
• 양식 풀코스는 무엇으로 이루어져 있을까?
• 호감도는 무엇으로 이루어져 있을까?

분해 연습 '저건 무엇으로 이루어져 있을까?' 생각하기

Q1 카레라이스의 재료를 나눠 보자.

Answer

Q2 당신의 회사를 부서별로 나눠 보자.

사장

영업부 | 인사부 | 기술부 | 관리부

Answer

Q3 당신의 지난달 생활비를 항목별로 나눠 보자.

Answer

Q **uestion** **4** 초등학교에는 어떤 교실이
있는지 나눠 보자.

Answer

Q **uestion** **5** 당신의 냉장고에 있는 식재료를
종류별로 나눠 보자.

Answer

Q **uestion** **6** 24시간은 몇 초일까?

24hour
⬇
○○ seconds

Answer

7 파르페 재료를 나눠 보자.

Answer

 **8** 패밀리 레스토랑을
종류별로 나눠 보자.

Answer

Q **9** 시저 샐러드를 재료별로
나눠 보자.

Answer

Q 10 uestion

인체를 부위별로 나눠 보자.

Answer

Q 11 uestion

병원을 진료과별로 나눠 보자.

Answer

Q 12 uestion

당신 집에 있는 가전제품을
카테고리별로 나눠 보자.

Answer

Q uestion **13** 올해 본 영화를 장르별로 나눠 보자.

Answer

Q uestion **14** 차를 부품별로 나눠 보자.

Answer

Q uestion **15** 광열비를 종류별로 나눠 보자.

Answer

Q uestion **16** 당신의 가족 구성을
친족 관계로 나눠 보자.

Q uestion **17** 튤립을 부분별로 나눠 보자.

Q uestion **18** 햄버거를 재료별로 나눠 보자.

Answer

급여 명세서 내용을
항목별로 나눠 보자.

 당신의 집을 방별로 나눠 보자

 당신이 휴일을 보내는 방법을
나눠 보자.

Q **22** 당신 집에 있는 책장의 책을
장르별로 나눠 보자.

Answer

Q **23** 지금 입고 있는 옷을
종류별로 나눠 보자.

Answer

Q **24** 스마트폰에 있는 앱을
용도별로 나눠 보자.

Answer

Q uestion **25** 당신의 자산을
사칙연산으로 분해하자.

Answer

Q uestion **26** 당신 회사의 매출을
사칙연산으로 분해하자.

Answer

Q uestion **27** 회사 직원의 평균 연령을
사칙연산으로 분해하자.

Answer

Q 28
uestion

당신의 연간 수입을
사칙연산으로 분해하자.

Answer

Q 29
uestion

일본의 인구(1.2억 명)를
'위치별'로 분해하자.

Answer

Q 30
uestion

전 세계 인구(80억 명)를
'위치별'로 분해하자.

Answer

Q 1 카레 종류와 채소, 고기 등의 재료로 나눠 보자.

Q 2 조직이 어떤 부서, 어떤 과, 어떤 그룹으로 구성되어 있는가?

Q 3 집세, 광열비, 식비, 교육비 등으로 자세히 나누자.

Q 4 교실 수업 외 어떠한 수업을 했는지 떠올리자.

Q 5 음료나 채소, 조미료 등으로 나누자.

Q 6 한 시간은 몇 분? 일 분은 몇 초?

Q 7 파르페 컵 속에는 다양한 재료가 담겨 있다.

Q 8 패밀리 레스토랑을 음식 종류로 나누자.

Q 9 채소 외에 무엇이 들어 있는지 생각하자.

Q 10 알고 있는 부위를 말해 보자.

Q 11 병의 종류나 몸의 부위별로 생각하자.

Q 12 방마다 어떤 가전제품이 있는지 열거해 보자.

Q 13 올해 본 영화의 제목을 써 보자.

Q 14 당신이 아는 부품을 모두 나열하자.

Q 15 생활에 필요한 것은 무엇인지 생각하자.

Q 16 부모님, 조부모, 형제, 배우자 등으로 세분화하자.

Q 17 초등학교 생물 수업에서 배웠던 부위별 이름을 떠올리자.

Q 18 햄버거의 맛이나 식감을 떠올리며 분해하자.

Q 19 급여 명세서에 기재되었던 세금은?

Q 20 당신 집의 방 배치를 써 보자.

Q 21 휴일 일정을 확인하거나 최근 휴일을 떠올리자.

Q 22 어떤 장르를 많이 읽었을까?

Q 23 겨울철에는 겹쳐 입으니 평소보다 많을 것이다.

Q 24 앱을 폴더별로 나누는 식으로 생각해 보자.

Q 25 자산으로 어떠한 것들이 있고 서로 어떤 관계가 있을까?

Q 26 판매하고 있는 물품이나 서비스의 매상을 사칙연산해 보자.

Q 27 평균을 어떻게 계산하는지 떠올리자.

Q 28 매월의 수입이나 부수입, 임시 수입을 사칙연산으로 계산하자.

Q 29 일본의 여덟 개 지방으로 구분하거나 선거구 등으로 나누자.

Q 30 대륙이나 지역, 국가 등으로 나누자.

Part 4

비교
트레이닝

비교하려면
기준이 필요하다

Part 4에서는 세 번째 단계인 '비교'를 설명한다.
비교하려면 우선 기준이 될 만한 수치가 필요하다.

'비교'가 무엇인지 설명하기 전에 '그렇다면 숫자란 무엇일까?'부터 생각해 보자. 무언가를 셀 때 쓰는 언어, 계산에 필요한 것, 양을 표현하는 것 등 다양한 답이 가능하며 모두 정답이다. 그렇다면 숫자를 기능적인 면에서 생각해 보자. 숫자의 기능 중 우리가 일상적으로 사용하는 것은 '어떤 숫자를 기준으로 다른 숫자를 비교하는 것'이다. 비교를 위해서는 기준이 되는 숫자가 중요하다.

기준을 토대로 무의식적으로 비교한다

사람은 숫자를 듣는 순간 무의식적으로 비교한다.
위의 상황처럼 기준 수치를 토대로 비교하여 대상을 추측하거나 이해한다.

예를 들어 어떤 사람이 "제 나이는 올해 서른 살입니다."라고 말했다고 하자. 이 숫자를 듣고 우리는 무엇을 할까? 아마도 대부분은 어떤 나이를 대입해 비교하지 않을까? 어떤 사람은 자기 나이와 비교할 것이다. 또 어떤 사람은 가까운 사람의 나이를 떠올리며 그 숫자 두 개를 비교하기도 한다.

학창 시절의 수학 수업에서 등호와 부등호를 사용한 표현을 배웠을 것이다. 등호와 부등호는 수학에서 비교할 때 사용하는 기본적인 표현이다. 숫자의 주된 기능은 비교라는 사실을 잊지 말자.

수의 주요 기능은 비교

부등호
A<B A는 B보다 작다
A≧B A는 B와 같거나 크다

부등호는 수의 크고 작음을 비교할 때, 그 관계를 식으로 표현하기 위해 쓰인다.

등호
A=B A와 B는 같다

등호는 '='의 양쪽 수가 서로 같다는 것을 나타낸다.

숫자를 들으면
사람은 무언가와 비교하기 마련이다!

비교 대상부터
정할 수 있어야 한다

비교 대상이 무엇이냐에 따라 숫자의 의미가 달라진다.
그래서 머릿속으로 비교 대상을 무엇으로 할지 생각해야 한다.

앞서 비교하려면 기준 수치가 중요하며, 이것이 있어야 비교할 수 있다고 설명했다. 이를 이해하면 무엇을 비교 대상으로 삼을지 스스로 생각할 수 있다. 예를 들어 '당신의 지금 체중은 몇 킬로그램인가?'라는 질문의 답은 체중계에 올라가면 당장 알 수 있다. 그렇다면 그 체중은 많이 나가는 편인가? 적게 나가는 편인가? 이 질문에 대답하려면 비교할 기준이 필요하다. 기준이 될 만한 예는 같은 성별이나 나이의 평균 체중이나 본인의 1년 전 체중 등이 될 것이다. 기준 수치와 이를 비교하여 '평균 체중보다 적게 나간다.' 또는 '1년 전보다 많이 나간다.' 등으로 대답할 수 있다.

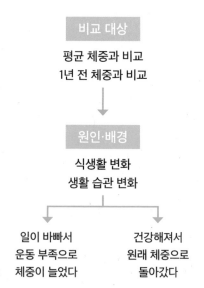

비교 대상

평균 체중과 비교
1년 전 체중과 비교

원인·배경

식생활 변화
생활 습관 변화

일이 바빠서
운동 부족으로
체중이 늘었다

건강해져서
원래 체중으로
돌아갔다

또 한 가지 중요한 것은 비교 대상을 추릴 수 있으면 그 답의 의미도 생각할 수 있다는 점이다. 예를 들어, 1년 전 나와 비교해서 체중이 늘었다면 식생활이 나빠졌다거나, 운동 부족 등이 원인일 수 있다. 사람에 따라서는 일이 바빠서 살이 빠졌는데 환경의 변화로 체중이 원래대로 돌아오기도 한다. 이처럼 두 가지 수치를 비교하면 문제점과 검토할 부분을 파악할 수 있다.

당신의 급여는 많은 편인가? 적은 편인가?

간단한 질문이라 해도 그 많고 적음을 판단하는 기준은
사람의 가치관에 따라 다르다.
문제를 생각할 때 중요한 것은 비교할 기준을 정하는 것이다.

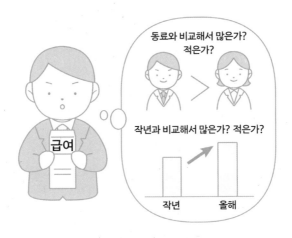

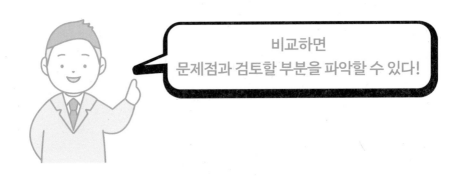

비교하면
문제점과 검토할 부분을 파악할 수 있다!

비교 대상을 자동으로 수치화하는
감각 기르기 ①

기준(수치)이 있으면 비교 대상을 자동으로 수치화하게 된다.
이 감각을 기르는 것은 매우 중요하다.

이렇게 기준 수치 만들기, 즉 비교 대상을 어떻게 선정해야 하는지를 배웠다. 이미 눈치챘을
지 모르지만, 기준을 수치화하면 비교 대상은 자동으로 수치화된다. 이런 감각을 평소에도
가지고 있다면 당신도 이제 '비교'라는 사고를 자기 것으로 만든 것과 다름없다.

예를 들어, 당신이 세미나에 참석했고, 끝난 후 설문 조사 요청을 받았다고 하자. '오늘 세미
나는 백 점 만점 중 몇 점인가요?'라는 질문에 오늘 세미나는 최고였고 공부가 되어 만족한
다면 백 점까지도 줄 수 있다.

반면 어딘가 부족했다거나, 일부 내용이 만족스럽지 않았다고 느낀 사람이라면 80점 정도
를 줄 것이다. 내용과 구성이 별로였고 참가자도 적고 참가 비용도 비싸다며 60점을 주는
사람도 있을 것이다. 점수는 사람에 따라 천차만별이다. 백 점을 만족도의 기준으로 삼으면

비교 대상도 자동으로 수치화한다

어떤 대상		비교 대상
↓		↓
기준 수치로 바꾸기	⇒	자동으로 수치화

자동으로 수치화하는
감각을 갖추자!

비교 대상, 즉 참가자인 당신 자신의 만족도 자동으로 수치화된다. 이처럼 수치를 기준으로 설정하면 비교 대상도 자동으로 수치화되는 감각을 갖는 것이 중요하다. 이 책의 예제를 반복 연습해서 그 감각을 익혀 보자.

당신의 세미나 만족도를 수치화하자

'오늘 세미나는 백 점 만점 중 몇 점인가요?'라는 질문이 있다.
백 점이 만족도의 기준이라면 당신 자신의 만족도는 몇 점이라 대답할 것인가?

기준	백 점 만점

당신의 만족도

만족했다	= 100점
조금 부족했다	= 80점
참가비가 비쌌다	= 60점
공부가 되지 않았다	= 40점

반복 연습으로 감각을 익히자!

비교 대상을 자동으로 수치화하는
감각 기르기 ②

자동으로 수치화하는 감각은 일상생활이나 비즈니스 등 다양한 곳에서
활용할 수 있다. 이번에는 응용 편을 설명하겠다.

어떤 대상을 기준으로 삼아 수치화하면 자동으로 그 비교 대상도 수치화된다. 이 감각을 익히기만 하면 일상생활이나 비즈니스에서도 활용할 수 있다.

예를 들어, 관리자가 부하 직원을 지도할 때, 좀 더 열심히 하면 좋겠다는 말을 전하고 싶다고 하자. "다음 달에는 열심히 해."라든가 "요즘 어때?"처럼 막연하게 표현하기보다 수치로 비교하여 "오늘 업무를 백 점 만점 기준으로 하면 몇 점 줄 수 있나?"라고 물어본다면 부하 직원은 "아, 90점 정도입니다."라고 대답할 것이다.

무의식으로 하는 수치화

상사와 부하 직원의
대화

이번 달 목표는
달성할 것 같나?

부하 직원 A

거의 달성할 것
같습니다   = 90%

부하 직원 B

아슬아슬하네요   = 50%

상사

부하 직원 C

조금 어려울 것
같습니다……   = 20%

"그렇군. 열심히 했으니 그 정도는 되겠어. 그렇다면 10점을 깎은 이유는 무엇이지?"라고 한 번 더 물어볼 수 있다. 그러면 "마이너스 10점은 이 때문입니다……."라며 대화가 오갈 것이다. 실천하기에 어려워 보여도 이 방법을 활용하면 구체적인 대화가 가능하다.

사실 우리는 알게 모르게 이와 비슷한 대화를 한다. 예를 들어 "이번 달 목표는 달성할 것 같나?" "아슬아슬하네요."라는 대화를 보자. 이 대화에서 나온 '아슬아슬'은 50퍼센트라는 의미다. 이 또한 '목표를 분명 달성할 수 있다.'를 백 퍼센트로 설정했을 때의 확률을 의미한다. 앞서 설명한 사례와 매우 비슷하다.

기준을 수치로 바꾸는 대화

오늘 업무를
백 점 만점 기준으로 하면
몇 점 줄 수 있나?

90점 정도입니다

상사

부하 직원

⇒ '10점'을 깎은 이유는?
- 거래처와의 트러블?
- 사내 인간관계 문제?

- 건강상의 문제?
- 급여나 처우의 문제?

직원 관리 등
비즈니스에서도 활용할 수 있다!

중국의 마스크 시장 규모는
어느 정도일까?

'비교'를 활용하면 정답이 없는 비즈니스의 문제도
나름의 답을 찾을 수 있다.

Part 4에서 해설한 '비교'를 활용해 실제 문제 하나를 생각해 보자. 언뜻 어렵게 느껴지겠지만, 사실 기본에 충실한 문제다. 중국에서 마스크를 팔고 싶다는 사람이 있다고 하자. 그런데 마스크 시장의 규모를 가늠할 수가 없다. 중국의 마스크 시장 규모가 어느 정도인지 '비교'를 사용해 답을 도출해 보자.

> ### 중국 마스크 시장의 규모를 비교하여 생각하자

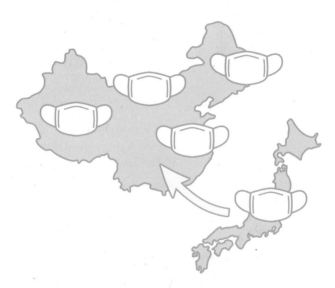

다른 나라에서 비즈니스를 할 경우, 시장 규모가 어느 정도인지 수치화하는 것이 중요하다. 그런데 신규 사업은 기존 실적이 없다. 이럴 때 페르미 추정을 활용해서 수치를 내 보자.

이때 전제로서 중국의 인구는 미리 알고 있다. 그렇다면 다음으로 어떤 수치를 알아야 중국 마스크 시장 규모를 추측할 수 있을까? 비교할 국가의 인구와 마스크 시장 데이터이다. 이 책에서는 일본의 데이터를 기반으로 계산해 보겠다. 일본과 중국의 인구 그리고 일본의 마스크 시장 규모를 표로 나타내면 일본과 중국의 수치를 비교할 수 있고, 비교 대상인 중국 마스크 시장의 수치를 간단한 계산만으로 도출할 수 있다.

참고로 이 표를 '2×2 매트릭스'라고 부르며, 비교 대상을 두 개로 분해하여 각기 정리하면, 총 4개의 수치로 정리할 수 있다. 이처럼 '대략 어느 정도일까?'라는 불분명한 수치를 가늠할 수 있게 만드는 것이 '비교'다. 이 마스크 문제도 비교적 단순한 비교와 사칙연산만으로 답을 알 수 있다. 그러니 평소에도 '어떻게 비교할 수 있을까?' 같은 질문에 습관을 들여서 적극적으로 '2×2 매트릭스'를 사용해 보자.

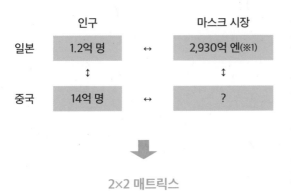

중국의 인구나 일본의 마스크 시장 등 조사하면 알 수 있는 사항은 알아보고 수치화하자. 그리고 각 숫자의 관계성을 비교하면 중국 마스크 시장의 규모를 추측할 수 있다.

※1: 후지경제, 《2022년판 가정용 국내 위생 관련품 시장조사》(富士経済 『2022年版 家庭用国内衛生関連品市場調査』) https://www.fuji-keizai.co.jp/press/detail.html?cid=22038&view_type=2

	인구	마스크 시장
일본	1.2억 명	2,930억 엔
중국	14억 명	?

일본과 비교하면 중국의 인구는 약 11.7배다. 따라서 2,930억 엔(일본의 마스크 시장) × 11.7 = 3조 4,281억 엔 정도라고 추측할 수 있다.

왼쪽은 비교 축 두 개를 표로 정리한 것이다. 이를 '2×2 매트릭스'라고 부르는데 다양한 것을 정리하고 분해하는 방법이다.

Q1 당신 집에 있는 텔레비전이 크다는(작다는) 것을 어떻게 설명할까?

Answer

Q2 당신이 뚱뚱하다는(말랐다는) 것을 어떻게 설명할까?

Answer

Q3 당신 회사의 올해 매출이 좋다는(나쁘다는) 것을 어떻게 설명할까?

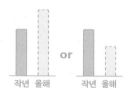

작년 올해   or   작년 올해

Answer

지도에서 당신의 집은
동쪽과 서쪽 중 어디에 있는지
어떻게 설명할까?

 당신의 회사에 비대면 근무가
많다는(적다는) 것을
어떻게 설명할까?

당신이 유튜브를 보는 시간(연간)은
작년과 비교해서 어느 정도인가?

Q 7 이과 학생을 100명이라고 하면,
문과 학생은 몇 명 정도일까?

Answer

Q 8 어제 많이 잤다(못 잤다)는
사실을 어떻게 설명할까?

Answer

Q 9 맥주파와 와인파를
비율로 표현하면?

Answer

Q 10 당신 집의 가스 요금이
많이(적게) 나왔다는 것을
어떻게 설명할까?

Answer

Q 11 당신 집의 전기 요금이
많이(적게) 나왔다는 것을
어떻게 설명할까?

Answer

Q 12 당신이 스마트폰을 사용하는
시간과 비교해 태블릿을
사용하는 시간은 몇 퍼센트인가?

Answer

Q 13
uestion

당신이 편의점을 이용하는 횟수와
비교해 슈퍼마켓을 이용하는
횟수는 몇 퍼센트인가?

Answer

Q 14
uestion

고교 시절과 대학 시절에 사귄
친구의 수를 비율로 표현하면?

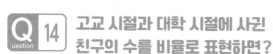

Answer

Q 15
uestion

당신에게 취미가 많다(적다)는
것을 어떻게 설명할까?

Answer

Q16

당신의 급여는 작년과 비교하면
어느 정도인가?

급여

₩

Answer

Q17

당신의 집이 역에서
가깝다(멀다)는 것을
어떻게 설명할까?

Answer

Q18

당신의 키가 크다(작다)는 것을
어떻게 설명할까?

Answer

Q 19
uestion

강아지를 기르는 사람과
고양이를 기르는 사람 수의
상대적 비율은 얼마일까?

Answer

Q 20
uestion

회사까지 전철로 갈 때와
차로 갈 때 걸리는 시간은
서로 몇 배 차이가 날까?

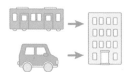

Answer

Q 21
uestion

당신의 집이 크다는(작다는)
것을 어떻게 설명할까?

Answer

Q 22
당신의 페이스북과 인스타그램
이용 시간은 서로 어느 정도
비율일까?

Answer

Q 23
당신의 달리기 속도를 올림픽
메달리스트와 비교하면 얼마나
차이가 날까?

Answer

Q 24
당신의 한식 선호도가
100이라면 양식은
어느 정도인가?

Answer

Q 25
question

사람이 일주일 동안 마시는
물의 양이 1ℓ라면, 25m 풀장의
물은 어느 정도 양일까?

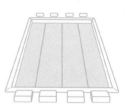

Answer

Q 26
question

새를 기르는 사람과
햄스터를 기르는 사람 수의
상대적 비율은 얼마일까?

Answer

Q 27
question

아침 출근길 전철에서 서서 가는
횟수에 비해 앉아서 가는 횟수는
몇 퍼센트 정도인가?

Answer

Q 28 반려동물에 대한 사랑과
애인에 대한 사랑을 상대적 비율로
표현하면?

Q 29 당신의 10대 시절 운동 능력이
100이라면 지금은
어느 정도인가?

Q 30 가장 가까운 역에서 당신 집까지
걸어가는 시간은 차로 갈 때와
비교하면 몇 배인가?

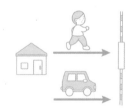

Q uestion **31** 도쿄 돔의 크기를 1이라고 하면, 당신이 사는 동네의 크기는 어느 정도인가?

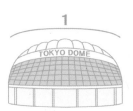

1

Answer

Q uestion **32** 당신과 비교해서 당신 가족 중 한 명이 하루에 마시는 물의 양은 얼마인가?

Answer

Q uestion **33** 당신이 가지고 있는 가방의 개수는 친한 친구와 비교했을 때 많은가(적은가)?

Answer

Q **34** question
당신이 사는 방은 친한 친구의
방과 비교해
얼마나 넓은가(좁은가)?

Answer

Q **35** question
지난주 세탁물의 양이 10이라면,
이번 주 세탁물의 양은
어느 정도인가?

Answer

Q **36** question
평일의 쓰레기양이 10이라면,
설 연휴의 쓰레기양은
어느 정도인가?

Answer

비교 연습 힌트

Q 1 평균적인 텔레비전의 크기를 생각하여 비교하자.

Q 2 같은 성별과 나이대의 평균 체중을 생각하자.

Q 3 자사 또는 타사, 그 외 어떤 비교를 할 수 있을지 생각하자.

Q 4 기준을 어디로 할 것인지 생각하자.

Q 5 국내 평균과 비교하자.

Q 6 과거 1년간과 그 전년을 비교하자.

Q 7 이과 학생과 문과 학생 중 어느 쪽이 많을까?

Q 8 당신의 평균 수면 시간과 비교하자.

Q 9 당신의 친구나 가족의 비율은 어떠한가?

Q 10 평범한 가정의 요금과 비교하자.

Q 11 평범한 가정의 요금과 비교하자.

Q 12 하루에 스마트폰을 얼마나 사용하고 있는지 떠올려 보자.

Q 13 한 달간 이용 빈도를 조사하자.

Q 14 각각 몇 명 정도 되는지 세어 보자.

Q 15 일반적인 사람의 취미는 몇 개 정도인지 기준을 정하자.

Q 16 작년과 올해를 비교하자.

Q 17 도보나 대중교통을 이용하면 역까지 몇 분 걸릴까?

Q 18 평균 신장을 토대로 생각하자.

Q 19 반려동물을 기른 적 있는 친구 열 명에게 물어보자. 어느 쪽이 많았나?

Q 20 각각의 소요 시간을 알아보자.

Q 21 일반적인 주택의 크기를 기준으로 생각하자.

Q 22 하루, 일주일, 한 달 등 기간을 나누어 생각하자.

Q 23 100m를 몇 초에 달릴 수 있을지 생각하자.

Q 24 '꽤'나 '조금'이라는 표현을 구체적인 수치로 표현하자.

Q 25 당신은 하루에 물을 얼마만큼 마시는가?

Q 26 반려동물을 기른 적 있는 친구 열 명에게 물어보자. 어느 쪽이 많았나?

Q 27 과거 한 달 동안 몇 번 앉아서 갔을까?

Q 28 어느 한쪽을 100이라고 하면 다른 한쪽은?

Q 29 일상생활과 운동을 할 때로 상황을 나누어 비교하자.

Q 30 걷는 속도와 차의 속도는 얼마나 차이가 날까?

Q 31 흔히 텔레비전 등에서 말하는 '도쿄 돔 하나 정도'를 기준으로 생각하자.

Q 32 '꽤'나 '조금'이라는 표현을 구체적인 수치로 표현하자.

Q 33 나의 가방 개수를 확인하고 평소 친구가 가지고 다니는 가방을 떠올려서
비교하자.

Q 34 방 안의 배치가 얼마나 다른지 비교하자.

Q 35 지난주와 비교해서 많은지 적은지 비교하자.

Q 36 평소와 설 연휴 동안의 식사량과 집에 있는 사람 수 등을 힌트로 삼자.

Part

5

드디어 페르미 추정 문제에 도전하는 시간!
종합 트레이닝

※ 각 문제 해설의 결론은 어디까지나 문제 작성자의 주관이나 가정이므로 반드시 정답이라고 할 수 없다.

※ 페르미 추정 문제에서 다루는 숫자는 대부분 정확한 수치가 아니며 계산 결과는 어림셈이므로 이 Part에서는 '약', '대략'이라는 표현을 생략한다.

종합 트레이닝 ①

Q uestion 비와호의 물을 하루에 다 마시려면
몇 명이 필요할까?

전제

- 비와호 면적: 670km²
- 비와호 평균 수심: 40m
- 성인이 하루에 마시는 물의 양: 1.2리터

논리

1) 비와호 부피 = 비와호 면적 × 평균 수심 (분해)
2) 필요한 성인 수 = 비와호 부피 ÷ 성인이 하루에 마시는 물의 양 (분해)

1) 670km² × 40m = 26.8km³
2) 26.8km³ = 26조 8,000억 리터 ÷ 1.2리터/인 = 22.3조 명

22.3조 명

해설

시가현 홈페이지에 게재된 <비와호 개요(琵琶湖の概要)>의 데이터를 보면 비와호의 부피는 275억 m³이다. 이를 적용해도 23조 명이라는 결론이 나오므로 거의 근접한 수치다. 전 세계 인구(77.5억 명)가 마셔도 3,000일(약 8년)이나 걸린다는 계산이 나온다.

비와호 주요 데이터 (시가현 홈페이지의 <비와호 개요(琵琶湖の概要)>에서)

● 크기
• 면적: 669.26km²
  (시가현 면적의 약 6분의 1)
  (남쪽 호수와 북쪽 호수의 면적 비율, 남쪽 호수 : 북쪽 호수 = 1:11)
• 남북 길이: 63.49km
• 최대 폭: 22.8km
• 최소 폭: 1.35km
• 둘레 총 길이: 235.20km

● 비와호 수심
• 전체 평균: 41.2m (남쪽 호수 평균 4m, 북쪽 호수 평균 43m)
• 최대 수심: 103.58m
● 담수량: 275억 m³ (남쪽 호수 2억m³, 북쪽 호수 273억 m³)
● 수면 표고: 84.371m (도쿄만 중등 조위 기준 높이. 기준 수위 ±0)
  (오사카만 간조위 기준 높이 85.614m)
● 집수역 면적: 3,174km²

종합 트레이닝 ②

Q 비와호 크기의 노천탕이 있다면
uestion 몇 명이 들어갈까?

전제

- 비와호 면적: 670km²
- 한 사람당 면적: 엘리베이터 정원
  은 1.5m × 1.5m당 15명까지 서서
  탈 수 있다.

  ※ 일반적으로 엘리베이터 정원은 적재 중량
  으로 설정한다. 그러나 이번에는 면적을 활용
  하기 위해 참고 정보로서 이러한 전제를 활용
  했다.

- 사람이 비와호 크기의 노천탕에 들
  어가 앉는다고 하자.

논리

1) 비와호에 들어가는 사람 수 = 비와호 면적 ÷ 한 사람당 면적 (분해)
2) 전제를 참고하면 1.5m × 1.5m = 2.25m²당 15명 정도는 서서 들어갈 수 있다. 따라
   서 한 사람당 면적은 2.25m² ÷ 15명 = 0.15m²다.
3) 사람이 앉은 상태와 서 있는 상태를 비교하면, 앉은 상태가 서 있는 상태보다 약 두
   배 더 면적을 차지한다고 추정할 수 있다. 따라서 앉은 사람의 면적을 다음과 같이
   가정한다. 0.15m² × 2 = 0.3m²

670km² ÷ 0.3m² ≒ 22억 3,000만 명

22억 3,000만 명

해설

페르미 추정에는 반드시 가정이라는 사고가 필요하다. 특히 어떤 것과 어떤 것을 비교해야만 다음 단계를 진행할 수 있다. 이번 문제의 경우 '사람이 앉은 상태와 서 있는 상태'를 비교했다. 이 방법은 익숙해지면 쉽다. 이번 기회를 통해 비교라는 사고가 얼마나 중요한지 확인하기를 바란다. 참고로 공중전화 부스 면적에 최대 열 명이 들어간다는 전제로 '비와호 안에 전 세계 사람이 거의 다 들어간다'는 재미있는 문제도 있다.

종합 트레이닝 ③

 Q JR 야마노테선을 동시에 달리는 전철은 몇 대?

전제

- 야마노테선이 한 바퀴 도는 데 필요한 시간: 60분
- 전철 간격: 5분에 한 대씩 역에 도착한다. (낮 동안)
- 야마노테선에는 내선 순환과 외선 순환이 있다.

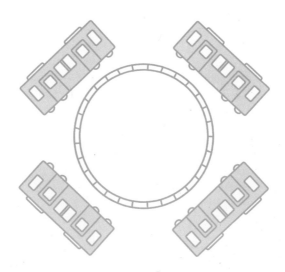

1) 전철 대수 = 어떤 역을 출발한 전철이 다시 그 역에 돌아올 때까지 걸리는 시간 ÷ 그 사이에 통과하는 전철 빈도
2) 총 대수 = 내선 순환 + 외선 순환

1) 60분 ÷ 5분 → 대수 = 12대
2) 12대 + 12대 = 24대

Answer   24대

페르미 추정을 활용해서 이 문제의 답을 도출해 보면 야마노테선 객실 내에 문제가 생겨 운행을 멈춰야 하는 일이 겨우 몇 분이라도 발생하면 얼마나 큰 영향을 끼칠지 상상할 수 있다. 관심이 있다면 이런 문제로 인한 경제적 손실을 계산해 봐도 재미있을 것이다. 또한 독자 여러분이 직접 야마노테선의 소요 시간이나 빈도를 가정할 수도 있겠지만, 그곳에 사는 사람이 아니면 쉽게 감을 잡을 수 없으므로 이번에는 전제로 활용할 수치를 준비했다.

종합 트레이닝 ④

도쿄도의 대기업들을 대상으로 영업을 해야 한다. 3개월 동안 모든 회사를 방문하려면 몇 명이 필요할까?

전제

- 2021년 총무성의 발표(※1)에 의하면 일본의 기업 수는 367만 개다.
- 그중 대기업 비율은 0.3 퍼센트.
- 또한 도쿄에 본사가 있는 비율은 40%라고 하자. (※2)
- 자사의 영업일은 주 5일이며 그중 4일만 영업을 하러 간다고 가정하자.
- 하루에 한 사람이 영업을 5건 한다고 가정하자.

1) 3개월 동안 회사를 방문하는 데 필요한 사람 수 = 도쿄에 있는 대기업 수 ÷ 한 사람이 3개월간 영업하러 가는 횟수

2) 도쿄에 있는 대기업 수 = 일본의 기업 수 × 대기업 비율 × 도쿄에 있는 비율

3) 한 사람이 3개월 동안 영업하러 가는 횟수 = 한 사람이 한 달 동안 영업하러 가는 횟수 × 3개월

4) 한 사람이 한 달 동안 영업하러 가는 횟수 = 하루에 영업하러 가는 횟수 × 4일 × 4주간 (이상 모두 분해)

계산

1) 도쿄에 있는 대기업 수 = 367만 개사 × 0.3% × 40% ≒ 4,400개사

2) 한 사람이 한 달 동안 영업하러 가는 횟수 = 5건 × 4일 × 4주간 = 80건

3) 한 사람이 3개월 동안 영업하러 가는 횟수 = 80건 × 3개월 = 240건

4) 3개월 동안 회사를 방문하는 데 필요한 사람의 수 = 4,400개사 ÷ 240건 ≒ 18명

Answer   18명

해설

전제인 '도쿄에 본사가 있는 비율 40%'는 총무성 통계국, 중소기업청의 도도부현(都道府県)·대도시별 기업 수, 상용고용자 수, 직원 수 데이터(2018년 12월 14일 갱신)에서 산출했다. 도쿄도에 있는 대기업 수는 4,580개사, 전국의 대기업 수는 11,157개사라는 것을 같은 데이터에서 확인할 수 있다. 따라서 도쿄에 있는 대기업 비율은 4,580개사 ÷ 11,157개사 = 41%이다. 알다시피 비즈니스는 사람을 활용하고 사람이 움직임으로써 돌아간다. 따라서 영업 사원이라면 '몇 명 정도일까?'라는 질문을 자주 받는다. 그러니 '꽤', '될 수 있는 한 많이', '모르겠다.'라는 식으로 피할 수 없다. 어려운 문제는 아니지만, 매우 중요한 사고를 가르쳐 주는 좋은 질문이다.

※1 총무성 통계국, 《레이와 3년 경제 센서스 ― 활동조사 조사 결과》(総務省統計局, 『令和3年経済センサス-活動調査 調査の結果』)
    https://www.stat.go.jp/data/e-census/2021/kekka/index.html
※2 중소기업청, 《중소기업·소규모사업자 수》(中小企業庁, 『中小企業·小規模事業者の数』)
    https://www.chusho.meti.go.jp/koukai/chousa/chu_kigyocnt/2018/181130chukigyocnt.html

종합 트레이닝 ⑤

Q 일본 러닝화 시장의 신발 매출 규모는 어느 정도일까?

전제

- 20세 이상을 대상으로 하자.
- 0~19세까지 각 나이의 인구는 100만 명으로 가정하자.
- 트레이닝용 신발은 2년 사용하고, 레이스용 신발은 4년 사용한다고 가정하자.
- 트레이닝용 신발의 평균 단가는 15,000엔, 레이스용 신발의 평균 단가는 20,000 엔이라고 가정하자.
- 러닝을 하는 사람은 항상 트레이닝용과 레이스용을 한 켤레씩 갖고 있다고 가정하자.
- 일본의 인구는 1.2억 명이라고 가정하자.

1) 0~19세 인구수 = 나이 계층 수 × 각 나이의 인구

   20세 이상 인구수 = 전국 인구수 - 0~19세 인구수
2) 러닝 인구수 = 20세 이상 인구수 × 러닝 인구 비율
3) 1년치 신발 금액 = (트레이닝용 신발 금액 ÷ 2) + (레이스용 신발 금액 ÷ 4)
4) 러닝 시장의 신발 매출 규모 = 러닝 인구 × 1년치 신발 금액

   (이상 모두 분해)
5) 20세 이상 중 러닝 인구의 비율을 10%로 가정한다.

1) 0~19세 인구수 = 20 × 100만 명 = 2,000만 명
2) 20세 이상 인구수 = 1.2억 명 - 2,000만 명 = 1억 명
3) 러닝 인구수 = 1억 명 × 10% = 1,000만 명
4) 트레이닝용 신발(15,000엔)은 2년 신으며, 레이스용 신발(20,000엔)은 4년 신는 다는 가정하에, 1년치 신발 금액을 아래 계산식으로 설명할 수 있다.

   1년치 신발 금액 = (15,000엔 ÷ 2) + (20,000엔 ÷ 4) = 12,500엔
5) 1,000만 명 × 12,500엔 = 1,250억 엔

Answer 1,250억 엔

이 문제의 포인트는 20세 이상 중 러닝 인구의 비율을 얼마로 가정할 것인가. 예를 들어, 당신 주변에서 (신발을 사서) 러닝하는 사람의 비율은 얼마인가? 다섯 명 중한 사람(20%)이라면 조금 많은 편이지 않은가? 그렇다면 스무 명 중 한 명(5%)이라면 어떨까? 이 또한 건강에 신경을 많이 쓰는 고령화 사회라는 점을 고려하면 조금 더많을 것 같기도 하다. 어려운 부분이지만 20%보다는 적고 5%보다는 큰 수치가 타당하다 보고 10%로 가정하였다. 사사카와 스포츠 재단의《스포츠 라이프에 관한 조사 보고서(1998~2020)》(※1)에 따르면 조깅·러닝 추계 실시 인구(연 1회 이상)는 약1,055만 명(2020년)이다. 또한《Japan Sports Tracker》(※2)에 따르면 러닝화 시장규모는 약 1,258억 엔(2018~2019)이라는 조사 결과도 있다.

※1 사사카와 스포츠 재단,《스포츠 라이프에 관한 조사 보고서(1998~2020)》(笹川スポーツ財団『スポーツライフに関する調査報告書(1998~2020)』)
   https://www.ssf.or.jp/thinktank/sports_life/data/jogging_running.html
※2《Japan Sports Tracker》는 스포츠 의류 신발 시장의 전국 소비자 판매 행동을 시계열로 파악할 수 있는 일본 유일의 소비자 패널 데이터베이스다.

종합 트레이닝 ⑥

Q 일본에서 요가를 하는 사람은 몇 명일까?
uestion (연 1회 이상 요가를 하고 있는 사람)

전제

- 피트니스 클럽 회원 수: 200만 명
- 피트니스 클럽 수: 4,000개
- 대형 요가 전문 스튜디오 수: 630개 (※ 위의 피트니스 클럽 수에 포함되지 않음)
- 유튜브 이용자 수: 6,500만 명
- 유튜브 요가 채널에서 가장 인기 있는 채널의 구독자 수: 110만 명
- 일본 최대급 온라인 요가 스튜디오 회원 수: 10만 명

1) 요가 인구 = 시설 이용자 수 + 자택 이용자 수

2) 시설 이용자 수 = 피트니스 클럽 요가 이용자 수 + 요가 스튜디오 이용자 수

3) 자택 이용자 수 = 유튜브 요가 채널 이용자 수 + 온라인 요가 레슨 이용자 수
   (이상 모두 분해)

시설 이용자 수

1) 피트니스 클럽 이용자 수 (60만 명)

요가를 하는 비율을 30%라고 가정하면

200만 × 30% = 60만 명 (피트니스 클럽 이용자 수 × 요가를 하는 비율)

2) 요가 스튜디오 이용자 수 (25만 명)

피트니스 클럽과 요가 전용 스튜디오를 비교하면 피트니스 클럽 수가 훨씬 많다. 구체적으로 피트니스 클럽 4,000개와 대형 요가 전문 스튜디오 630개라는 숫자를 비교해, 요가 전용 스튜디오를 1,000개로 가정한다.

피트니스 클럽 한 개당 이용자 수는 피트니스 클럽 회원 수 200만 명 ÷ 4,000개 = 500명/1개

다양한 운동이 가능한 피트니스 클럽과 비교해서 요가만 하는 요가 전용 스튜디오의 개당 이용자 수는 적다. 구체적으로 한 개당 이용자 수의 절반인 250명이 이용한다고 가정하면 요가 스튜디오 이용자 수 250명 × 1,000개 = 25만 명이다.

자택 이용자 수

1) 유튜브 요가 이용자 수 (650만 명)

유튜브 시청자 중 요가 채널을 보고 실제로 1년에 한 번이라도 요가를 한 사람의 비율을 10퍼센트라고 가정하면

6,500만 명 × 10% = 650만 명

유튜브 요가 채널 중 가장 인기 있는 채널의 구독자 수가 110만 명이라는 전제와 비교해 이 650만 명이라는 숫자에 위화감이 없다고 판단한다.

2) 온라인 레슨 이용자 수 (20만 명)

온라인 요가 이용자 수는 일본 최대급 온라인 요가 스튜디오 회원 수가 10만 명이라는 전제를 토대로 그 배가 되는 20만 명이라고 가정한다.

계산

요가 인구 = 60만 명 + 25만 명 + 650만 명 + 20만 명 = 755만 명

Answer   755만 명

2017년 세븐&아이 출판(セブン&アイ出版)에서 진행한 일본의 요가 시장 조사에 따르면 770만 명으로 추정된다. 당시 대부분이 피트니스 클럽이나 요가 전용 스튜디오에 다니고 있을 것으로 생각했으나, 코로나 상황 탓에 '온라인 이용자'가 압도적으로 많을 수 있다고 생각했다. (실제로 감수자 주변에도 코로나 팬데믹 상황이 계속되자 스튜디오에 가지 않는 사람들이 있었다.) 2017년 이후 운동 방법은 바뀌었을지 모르지만, 인원 규모에는 큰 차이가 없다고 추정한다.

종합 트레이닝 ⑦

Question 도쿄에 있는 카레 가게의 하루 매상은?

접근법 1 가정을 전제로 추정한 접근법

전제

- 평일 하루 매상을 구하자.
- 테이크아웃은 제외하고 매장 내 식사한 음식만 대상으로 한다.
- 영업시간의 경우 낮 시간대는 11시~17시로 총 6시간, 밤 시간대는 17시~23시로 총 6시간으로 가정한다.

카레 가게 매상 = 고객 수 × 객단가 (분해)
고객 수 = 영업시간 × 좌석 수 × 가동률 × 회전수 (분해)

카레 한 그릇의 가격은 800엔, 토핑은 200엔, 음료는 600엔으로 가정한다.
좌석 수는 20석이고, 영업시간을 다섯 개로 분해하고 가동률(%)과 회전수(회전/시간)를 영업시간별로 비교해서 아래의 표처럼 가정한다. 가동률의 경우 직장인이 많은 도쿄는 '12시~14시'의 점심시간과 퇴근하는 사람이 많아지는 '17시~21시'의 가동률이 높다고 추정했다. 회전율의 경우 고객이 평균적으로 머무는 시간을 낮에는 20분(3회전/시간), 밤에는 30분(2회전/시간)이라고 보았다.

영업시간	구분	좌석 수	가동률	회전수
11시 ~ 12시	낮	20석	40%	3/시간
12시 ~ 14시	낮	20석	80%	3/시간
14시 ~ 17시	낮	20석	10%	3/시간
17시 ~ 21시	밤	20석	70%	2/시간
21시 ~ 23시	밤	20석	40%	2/시간

또한 낮 시간대에는 네 명 중 한 사람이 200엔짜리 토핑을 주문한다고 가정하였고, 밤 시간대에는 낮 시간대의 객단가에 추가로 맥주 등의 음료를 추가 주문하는 손님이 늘어나리라 보았다. 따라서 다섯 명 중 한 명이 600엔을 추가 주문한다고 가정한다.

1) 객단가
   낮 시간대 객단가 = 800엔 + (200엔 ÷ 4) = 850엔
   밤 시간대 객단가 = 850엔 + (600엔 ÷ 5) = 970엔
2) 고객 수
   낮 시간대 고객 수 = 20석 × {40% + (80% × 2) + (10% × 3)} × 3회전 = 138명
   밤 시간대 고객 수 = 20석 × {(70% × 4) + (40% × 2)} × 2회전 = 144명
3) 매상
   낮 시간대 매상 = 850엔 × 138명 = 117,300엔
   밤 시간대 매상 = 970엔 × 144명 = 139,680엔
   합계 117,300엔 + 139,680엔 = 256,980엔 ≒ 26만 엔

Answer 26만 엔

접근법 2 조사 결과를 전제로 한 접근법

전제

- 소규모 카레 요리점(조사 대상 수 41곳)의 점포 면적
  1평($3.3m^2$)당 매상은 252만 6,000엔/년
- 한 사업자당 점포 면적은 $139.1m^2$

※ 모든 자료는 일본 정책 금융 공고가 공표한 《소기업의 경영지표 조사》(『小企業の経営指標調査』)에서 참고.
https://www.jfc.go.jp/n/findings/shihyou_kekka_m_index.html

논리

1) 점포 한 곳의 면적(평) = 한 사업자당 점포 면적(m^2) ÷ 1평 면적(m^2) (분해)
2) 점포 한 곳의 연간 매상 = 한 평당 매상 × 평수 (분해)
3) 점포 한 곳의 하루 매상 = 점포 한 곳의 연간 매상 ÷ 365일 (분해)

계산

1) 점포 한 곳의 면적 = $139.1m^2$ ÷ $3.3m^2$ = 42평
2) 점포 한 곳의 연간 매상 = 252만 6,000엔 × 42평 = 1억 609만 2,000엔
3) 점포 한 곳의 하루 매상 = 1억 609만 2,000엔 ÷ 365일 ≒ 29만 엔

Answer   29만 엔

해설

페르미 추정은 다양한 접근법이 가능해서 재미있다. 접근법 1은 어떤 조사 결과 등의 정확한 데이터를 활용하지 않고 전부 사람의 주관에 따른 가정을 전제로 추정한 것이다. 한편 접근법 2는 일본 정책 금융 공고의 조사 결과를 사실로 활용하여 추정하였다. 만약 이 두 접근법의 수치가 비슷하다면, 도출한 값은 실태 파악에 어느 정도 도움이 된다는 말이다. 만약 당신이 일상생활에서 대략적인 수치로 규모를 파악해야 한다면 이렇게 다양한 접근 방법으로 생각해 보길 바란다. 그러면 정확도가 점점 올라갈 것이다.

종합 트레이닝 ⑧

Q 일본에는 부장이 몇 명일까?

접근법 1 회사 수에서 출발하기

전제

- 부장의 수 = 일본 법인의 부서 수라고 하자.
- 2021년 총무성 발표(※1)에 따르면, 일본에 있는 기업 수는 약 367만 개다. 그중 법인은 전체에서 56퍼센트, 개인사업자는 44퍼센트이다.
- 법인에만 부장이라는 직위가 존재한다.
- 일본의 대기업 비율은 0.3%, 중소기업은 99.7%라고 가정한다.
- 일반적인 기업의 주요 부서는 총무부, 인사부, 경리부, 영업부, 법무부, 개발부로 총 여섯 개다. 대기업이라면 그 외 마케팅, 정보 시스템, 제조, 품질 관리 같은 부서가 있다. 따라서 대기업에는 회사당 부서가 10개 있고, 중소기업에는 회사당 앞에 언급한 6개 주요 부서가 있다고 가정한다.

※1 총무성 통계국,《레이와 3년 경제 센서스 — 활동 조사 조사 결과》
(総務省統計局,『令和3年経済センサス－活動調査 調査の結果』)
https : //www.stat.go.jp/data/e-census/2021/kekka/index.html

1) 부장의 수 = 일본 법인 수 × 한 회사당 부서 수 (분해)
2) 일본의 법인 수 = 일본 기업 수 × 법인 비율 (분해)

계산

1) 법인 수 = 367만 개 × 56% ≒ 205만 개
2) 대기업 수 = 205만 개 × 0.3% ≒ 6천 개
3) 중소기업 수 = 205만 개 – 6천 개 ≒ 204만 개
4) 부서 수 = (6천 개 × 10부서) + (204만 개 × 6부서) = 1,230만 부서
   부장의 수 = 일본 법인의 부서 수라는 전제로 1,230만 명

Answer   1,230만 명

전제

- 부장의 수 = 일본 회사의 부서 수
- 일본 인구는 1.2억 명
- 0~19세 : 20~39세 : 40~59세 : 60~79세의 비율을 2 : 3 : 3 : 2로 한다. 연령대별 남녀 비율은 1 : 1로 한다. 표로 만들면 다음과 같다.

연령층	비율	인원수
0 ~19세	20%	2,400만 명
20 ~39세	30%	3,600만 명
40 ~59세	30%	3,600만 명
60 ~79세	20%	2,400만 명

- 20~59세 인구 7,200만 명 중, 남성의 5%, 여성의 20%가 전업주부 등으로 취업 상태가 아니라고 하자.
- 회사의 90%가 사원 수 10명인 소규모 회사이고, 회사의 10%가 사원 수 100명인 대기업이라고 하자.
- 한 부서의 평균 인원수는 4명이다.

논리

1) 부장의 수 = 일본 회사 수 × 한 회사의 부서 수
2) 일본의 회사 수 = 일하고 있는 사람의 수 ÷ 한 회사의 인원수
3) 한 회사당 평균 부서 수 = 한 회사의 인원수 ÷ 한 부서의 평균 인원수
4) 한 회사당 평균 인원수 = (소규모 회사의 사원 수 × 소규모 회사의 비율) + (대규모 회사의 사원 수 × 대규모 회사의 비율)
   (이상 모두 분해)
5) 취업 상태에 속한 연령층을 20~59세라고 가정하고, 이 전제를 토대로 그 인구 7,200만 명 중 50%가 남성이고, 그중 5%가 취업 상태가 아니라고 가정한다.
   마찬가지로 7,200만 명 중 50%가 여성이고, 그중 20%가 취업 상태가 아니라고 가정한다.

1) 취업 상태가 아닌 사람 = (7,200만 명 × 50% × 5%) + (7,200만 명 × 50% × 20%)
= 180만 명 + 720만 명 = 900만 명
2) 취업 상태인 사람 = 7,200만 명 - 900만 명 = 6,300만 명
3) 한 회사의 평균 인원수 = (10명 × 90%) + (100명 × 10%) = 19명
4) 일본 회사 수 = 6,300만 명 ÷ 19명 = 332만 개사
5) 한 회사의 부서 수 = 19명 ÷ 4명 = 4.75부서
6) 부서 수 = 332만 개사 × 4.75부서 = 1,577만 부서
   부장의 수 = 일본 회사의 부서 수라는 전제로 1,577만 명

Answer   1,577만 명

해설

이 또한 하나 이상의 접근법을 대입한 결과다. 두 접근법의 결과가 비슷하다는 점에서 대략적인 감을 잡을 수 있을 것이다.

또한 '부장의 수 = 부서의 수'라는 생각이 포인트다. 추정하고 싶은 것과 (거의) 같은 수치일 수 있는 다른 것을 추정하는 방법은 도움이 된다. 다른 문제에도 이 사고법을 응용할 수 있으니 꼭 알아 두길 바란다. 그리고 이 문제의 접근법 2에서처럼 인원수를 활용해서 추정할 때 '2 : 3 : 3 : 2'라는 비율을 활용하면 매우 편리하다. 이후에도 몇 번 등장하니 알아 두자.

종합 트레이닝 ⑨

일본 내에 역은 몇 개일까?

전제

- 도쿄도의 주요 철도 운영 주체를 JR, 도쿄 메트로, 도큐 전철, 게이힌 급행 전철, 오다큐 전철, 게이오 전철, 도부 철도, 세이부 철도, 게이세이 전철, 도쿄도(도쿄도가 운영하는 도영(都營))로 총 10개로 설정하고, 그 외 운영 주체는 노선 수가 적으니 제외한다.
- 위의 10개 운영 주체를 JR과 JR이 아닌 것으로 나누고, 운영 주체별 노선 수와 각 노선의 역수는 다음의 표와 같다.

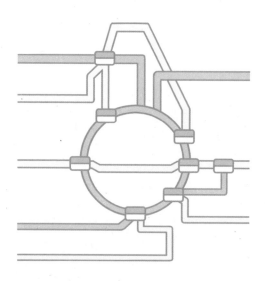

운영 주체	운영 주체 수	각 운영 주체의 평균 노선 수	각 노선의 평균 역수
JR	1	20	10(※2)
JR 외	9	5(※1)	

※1 많게는 7~10노선, 적게는 1~2노선이 있다. 평균적으로 한 운영 주체당 5노선이라 한다.
※2 노선의 전체 역수는 30개 정도지만, 도쿄도에 있는 역에만 해당하므로 많게는 15~20개 역이 있고 적게는 2~ 5개 역이 있다고 보고, 평균 1노선 10역이라 한다.

- 같은 접근법으로 도도부현의 모든 역 개수를 산출할 수 있지만, 여기에서는 간단히 그 개수가 인구에 거의 비례한다고 가정하고, 구체적인 비율은 대략적으로 조정한다.
- 일본 인구는 1.2억 명, 도쿄도 인구는 1,400만 명으로 정한다.

논리

A: 도쿄도의 JR 역 수 = JR의 노선 수 × 노선 하나당 평균 역 수
B: 도쿄도의 JR 외 역 수 = 도쿄도의 JR 외 주요 철도 운영 주체 수 × 각 운영 주체의 평균 노선 수 × 노선 하나당 평균 역수
C: 도쿄도의 역 수 = 도쿄도에 있는 JR 역 수 + 도쿄도에 있는 JR 외 역 수
D: 전국의 역 수 = 도쿄도의 역 수 × 아래 산출한 비율
(이상 모두 분해)

1) 일본 전국 인구와 도쿄도 인구를 비교하고, 일본 전국 인구가 도쿄도 인구의 몇 배가 되는지 계산한다.
1.2억 명 ÷ 1,400만 명 ≒ 8.57배

2) 도쿄도는 전국에서 특히 인구밀도가 높은 곳이므로 인구에 비례해서 보면 오히려 일본 내에서 역 수가 낮아진다. 그러니 이 '8.57배'라는 비율보다 큰 수치일 가능성이 높다고 본다. 따라서 아래의 비율로 가정한다.
전국의 역 수 : 도쿄도의 역 수 = 10 : 1, 즉 일본 전국의 역 수는 도쿄도의 역 수의 10배로 가정한다.

A: 20노선 × 10역 = 200역
B: 9사 × 5노선 × 10역 = 450역
C: 200역 + 450역 = 650역
D: 650역 × 10 = 6,500역

Answer   6,500역

해설

이번에는 일본 내 역의 총 개수를, 일본 내에서 가장 많다고 가정할 수 있고 가장 안정된 결과를 기대할 수 있는 도쿄도에 있는 역의 총 개수를 단서로 삼아 추정했다. 이때 역 수나 노선 수 같은 수치를 스스로 가정하면 문제가 갑자기 어려워질 수 있다. 이에 본문에서는 전제 부분에서 계산에 필요한 수치들을 준비했다. 무엇보다 페르미 추정이 가정, 분해, 비교의 조합으로 이루어진다는 점을 이해할 수 있게 했다.

문제 작성자의 검증에 따르면, 도도부현별 인구와 역의 개수는 상관관계(※1)를 보이며, 그 정도를 표현하는 상관계수(※2)는 0.9(최고는 1.0)로 아주 높은 수치다. 따라서 인구수의 많고 적음을 참고하여 역 수를 알아보는 것은 타당하다고 보았다.

우선 도쿄도의 역 수를 인수분해하여 구체적으로 추정한 후, 인구 비율을 단서로 일본 내 역 수를 대략 추정했다. 단 도쿄도에서 철도 혼잡도가 높을 것으로 보는 것과 마찬가지로 도쿄도는 전국적으로 특히 인구밀도가 높으므로, 인구수 대비 역 수가 전국에서 오히려 낮아질 수 있다고 보았다(실제로 문제 작성자의 검증에 따르면 인구 10만 명당 역 수는 도쿄도에서는 5역 정도이고, 일본 전국에서는 7.5역 정도가 되었다). 따라서 역수를 어림셈할 때 이 비율을 조금 조정해 결과를 도출했다.

실제 역 수는 도쿄도가 719역이고, 전국은 9,493역(※3)이다. 도쿄도의 역 수 추정치가 650역으로 꽤 근접한 수치가 나왔지만, 전국의 역 수 추정치는 6,500역으로 실제 9,493역과는 어느 정도 차이가 난다. 이 논법으로 가정한 비율(10:1)로는 상당히 다른 결론이 나오기는 했다. 그러나 규모를 파악하는 방법으로서는 효과가 있다고 본다.

※1 상관관계: 두 개가 밀접한 관련이 있어 한쪽이 변하면 다른 쪽도 변하는 관계.
※2 상관계수: 두 데이터 간 상관관계 정도를 나타내는 수치.
※3 국토교통성, 《국토 수치 정보 다운로드 서비스》, 2021(国土交通省, 『国土数値情報ダウンロードサービス』, 2021年)

종합 트레이닝 ⑩

Q uestion
일본에서 하루에 사용하는
일회용 마스크는 몇 장일까?

접근법 1 　전 세계 인구와 비교하는 접근법

전제

- 전 세계의 일회용 마스크 사용량은 1,290억 장/월(※1)
- 전 세계 인구: 79.5억 명
- 일본 인구: 1.2억 명
- 한 달은 30일이라 한다.

※1 Business Insider, <일회용 마스크의 소비량은 매월 1290억 장. 이 쓰레기의 산은 환경 오염의 '시한폭탄'
이다>(使い捨てマスクの消費量は毎月1290億枚。このゴミの山は環境汚染の「時限爆弾」だ)https://
www.businessinsider.jp/post-250818

1) 전 세계에서 하루에 소비하는 일회용 마스크 = 전 세계에서 소비하는 일회용 마스크(월간) ÷ 30(일) = A

2) 인구 비율 = 일본 인구 ÷ 전 세계 인구 (인구를 비교해서 근거가 될 만한 수치 만들기) = B

3) 일본에서 하루에 소비되는 일회용 마스크 개수 = A × B
   (이상 모두 분해)

3) (1,290억 장 ÷ 30일) × (1.2억 명 ÷ 79.5억 명) ≒ 6,490만 장

Answer   6,490만 장

전제

• 일본의 각 연령층 인구: 100만 명

논리

1) 연령층별 마스크 사용량 = 연령층별 인구 × (연령층별 마스크 사용률 × 요일별 평균 마스크 사용률)
2) 연령층별 마스크 사용량의 총계 = 하루에 쓰는 일회용 마스크 수
   (이상 모두 분해)

우선, 연령층별로 일회용 마스크 사용률을 가정한다.
이때 ①~④를 비교하고 그 연령층의 특성을 감안하여 수치를 증감한다.
① 미취학 아동(0~6세): 거의 사용하지 않는다.
② 초등학생(7~12세): 30%가 사용한다.
③ 중학생 이상~성인(13~65세): 70%가 사용한다.
④ 고령자(66~85세): 20%가 사용한다.

또한 요일별 마스크 사용률도 가정한다.
이 또한 마찬가지로 ①~④를 비교하고 그 연령층의 특성을 감안하여 수치를 증감한다.
②, ③에서는 각 평일(5일간)을 1이라 하고, 각 휴일(2일간)은 0.8로 가정한다.
④는 요일 불문.

1) ② (100만 명/연 × 6) × [0.3 × {(1 × 5일간) + (0.8 × 2일간) ÷ 7}] ≒ 170만 장
　③ (100만 명/연 × 53) × [0.7 × {(1 × 5일간) + (0.8 × 2일간) ÷ 7}] ≒ 3,500만 장
　④ (100만 명/연 × 20) × (0.2 × 1) = 400만 장
2) ② + ③ + ④ = 170만 장 + 3,500만 장 + 400만 장 = 4,070만 장

Answer　4,070만 장

위드 코로나 시대의 일회용 마스크에 관한 고찰이다. 감염 방지를 위한 매우 중요한 도구지만 쓰레기로 버려지는 마스크가 점점 늘고 있어서 걱정이다. 버려지는 마스크의 양은 두 접근법을 통해 약 5,000만 장 정도임을 알 수 있다. 즉 두 사람 중 한 명 정도가 매일 일회용 마스크를 한 장은 쓰고 있는 셈이다. 앞서 언급했지만, 접근법이 다양할수록 결론에서 도출한 수치 또한 설득력이 있다. 평소 문제를 다룰 때 이 책에서 소개한 접근법 말고 다른 방법도 생각해 적용해 보면 더 재미있을 것이다.

종합 트레이닝 ⑪

Q 일본인은 인스타그램에 몇 명이나 가입했을까?
uestion

전제

• 일본 인구: 1.2억 명

논리

1) 인스타그램에 가입한 일본인 수 = 일본 인구 × 이용률 (분해)

   인구와 이용률을 세대별로 분해하고 수치화한다. 우선 인구 비율은 다음과 같이 가정한다.

   0~19세 : 20~39세 : 40~59세 : 60세 이상 = 2 : 3 : 3 : 2

   또한 남녀 비율은 1 : 1로 가정한다.

   이때 0~19세 중 절반이 10대라고 가정한다.

   30대, 40대, 50대, 60대, 70대 이상도 이와 같이 가정한다.

2) 이어서 세대별 이용률을 세대 차이, 남녀 차이 등을 충분히 고려해 비교하여 수치를 가정한다.

나이	10대	20대	30대	40대	50대	60대	70대 이상
남	40%	50%	40%	30%	10%	5%	0%
여	70%	80%	70%	60%	50%	30%	10%

계산

1) 10대: 1.2억 명의 20%인 2,400만 명의 절반이라고 가정했으므로 1,200만 명.
   따라서 10대 남녀는 각 600만 명.
   이상으로 이용자 수는 600만 명 × 0.4 + 600만 명 × 0.7 = 660만 명
2) 20대: 1.2억 명의 30%인 3,600만 명의 절반이라고 가정했으므로 1,800만 명.
   따라서 20대 남녀는 각 900만 명.
   이상으로 이용자 수는 900만 명 × 0.5 + 900만 명 × 0.8 = 1,170만 명
   이하 동일하게 생각하면
3) 30대: 900만 명 × 0.4 + 900만 명 × 0.7 = 990만 명
4) 40대: 900만 명 × 0.3 + 900만 명 × 0.6 = 810만 명
5) 50대: 900만 명 × 0.1 + 900만 명 × 0.5 = 540만 명
6) 60대: 600만 명 × 0.05 + 600만 명 × 0.3 = 210만 명
7) 70대 이상: 600만 명 × 0 + 600만 명 × 0.1 = 60만 명
이상으로 이용자 수는
660만 명 + 1,170만 명 + 990만 명 + 810만 명 + 540만 명 + 210만 명 + 60만 명 =
4,440만 명

Answer   4,440만 명

해설

이 문제의 포인트는 세대별 차이를 수치로 표현하는 것이다. 잘 알고 있듯이 인스타그램은 주로 젊은 사람들이 이용한다. 그리고 남성보다 여성에게 더 인기 있다는 것도 잘 알려진 사실이다. 예를 들어, 20대 남성을 50%로 가정하고 이를 기준치로 삼는다면, 10대와 30대는 이보다 조금 적은 수치로 가정할 수 있다.

또한 인구를 사용해 추정할 때 세대별로 '2 : 3 : 3 : 2'라는 비율로 분해하는 것도 추천한다. '2'나 '3'이라는 숫자는 적용이 쉬우며 계산할 때도 편하다. 다만 엄밀히 생각해 본다면 고령화 사회이기 때문에 고령자의 인구 비율이 좀 더 높을 수 있다. 이는 인스타그램이 2019년 6월 7일(금)에 발표한 '일본 내 월간 활동 계정 수 3,300만 돌파(2019년 3월 기준)' 뉴스(※1)를 보면 더욱 설득력 있다.

※1 Meta, https://about.fb.com/ja/news/2019/06/japan_maaupdate-2/

종합 트레이닝 ⑫

 일본인 1인당 연간 쌀 소비량은?

전제

- 일본 인구: 1.2억 명
- 쌀 1홉은 180g = 0.18㎏이라 한다.
- 밥 한 공기는 0.5홉이라 한다.

논리

1) 1인당 연간 쌀 소비량 = 일본인 전체의 하루 평균 소비량(공기) × 0.5(홉/공기) × 0.18(㎏/홉) × 365(일) ÷ 1.2억 명 (분해)
2) 일본인 전체의 하루 평균 소비량(공기) = 일본 인구 × 주식에서 '쌀'이 차지하는 비율 × 하루 평균 소비량(공기) (분해)

먼저 인구 비율은 다음과 같이 가정한다.
0~19세 : 20~39세 : 40~59세 : 60세 이상 = 2 : 3 : 3 : 2
또한 남녀 비율은 1:1로 가정한다.

이때 0~19세 중 절반이 10대라고 가정한다.
30대, 40대, 50대, 60대, 70대 이상도 이와 같이 가정한다.

이어서 세대별 이용률을 세대 차이, 남녀 차이 등을 충분히 고려해 비교하여 수치를 가정한다.

나이		0~4	5~9	10대	20대	30대	40대	50대	60대	70대 이상
남	주식에서 '쌀'이 차지하는 비율(%)	80	80	80	70	60	60	70	80	80
	하루 평균 소비량(공기)	1	3	4	3	2	2	2	2	1.5
여	주식에서 '쌀'이 차지하는 비율(%)	80	70	70	60	50	60	70	80	80
	하루 평균 소비량(공기)	1	2	3	2	1.5	1.5	1.5	1.5	1

계산

1) 10대 미만:
  0~19세를 1.2억 명의 20%인 2,400만 명이라고 가정했으므로, 10대 미만과 10대는 각기 그 절반인 1,200만 명이다. 여기서 다시 0~4세와 5~9세는 각기 600만 명이며, 다시 남녀는 각기 그 절반인 300만 명이다. 이상으로 하루 평균 소비량은 (300만 명 × 0.8 × 1) + (300만 명 × 0.8 × 1) + (300만 명 × 0.8 × 3) + (300만 명 × 0.7 × 2) = 1,620만 공기.

2) 10대:
  0~19세를 1.2억 명의 20%인 2,400만 명이라고 가정했으므로, 10대 미만과 10대는 각기 그 절반인 1,200만 명이다. 여기서 남녀는 각기 그 절반인 600만 명이다. 이상으로 하루 평균 소비량은 (600만 명 × 0.8 × 4) + (600만 명 × 0.7 × 3) = 3,180만 공기.

3) 이하 동일하게 생각하면
  20대: (900만 명 × 0.7 × 3) + (900만 명 × 0.6 × 2) = 2,970만 공기
  30대: (900만 명 × 0.6 × 2) + (900만 명 × 0.5 × 1.5) = 1,755만 공기
  40대: (900만 명 × 0.6 × 2) + (900만 명 × 0.6 × 1.5) = 1,890만 공기
  50대: (900만 명 × 0.7 × 2) + (900만 명 × 0.7 × 1.5) = 2,205만 공기
  60대: (600만 명 × 0.8 × 2) + (600만 명 × 0.8 × 1.5) = 1,680만 공기
  70대 이상: (600만 명 × 0.8 × 1.5) + (600만 명 × 0.8 × 1) = 1,200만 공기

이상으로 일본인 전체의 하루 평균 소비량은
1,620만 명 + 3,180만 명 + 2,970만 명 + 1,755만 명 + 1,890만 명 + 2,205만 명 + 1,680만 명 + 1,200만 명 = 1억 6,500만 공기
따라서 일본인 1인당 연간 쌀 소비량은
1억 6,500만 공기 × 0.5(홉/공기) × 0.18(kg/홉) × 365(일) ÷ 1.2억 명 ≒ 45.2kg

Answer   45.2kg

앞서 살펴본 '일본인은 인스타그램에 몇 명이나 가입했을까?'와 완전히 같은 접근법으로 해결할 수 있는 문제다. 이 문제 역시 세대별 차이를 수치로 표현하는 것이 핵심이다. 각 연령층에서 주식으로 쌀을 어느 정도 선택하는지 그리고 하루에 몇 공기를 소비하는지를 수치로 가정했다.

이렇게 몇 문제를 실제로 해 보니 페르미 추정에 어떤 패턴이 있다는 것을 알아차릴 수 있을 것이다. 이번 문제와 비슷한 패턴으로 또 어떤 문제를 만들 수 있을지 생각하면 색다른 재미를 발견할 수 있을 것이다.

참고로 농림수산성의 데이터를 보면 2020년도 소비량은 50.8㎏이다. 이런 추정으로 대략적인 실태를 파악할 수 있어 보인다.

Comprehensive Training
레벨 5

종합 트레이닝 ⑬

Q 지금 일본 상공을 날고 있는
국내선 비행기는 몇 편일까?

전제

- '지금'은 낮 동안을 말한다.
- 하네다 공항 로비의 전광판에서는 5분 간격으로 출발 예정을 알린다.
- 하네다 외 주요 공항은 허브 공항인 이타미, 주부, 후쿠오카, 신치토세로 네 곳이다.
- 공항 이용자 수를 가정할 때는 도도부현 인구수를 참고한다.
- 주요 공항(하네다, 이타미, 주부, 후쿠오카, 신치토세) 외 지방 공항은 50개 이상이다.

A: 지금 날고 있는 하네다 공항발 비행기 편수 = (1편 평균 비행 시간) ÷ (5분간)
B: 하네다 외 4개 공항 이용자 수 = 이타미 + 주부 + 후쿠오카 + 신치토세
C: 지금 날고 있는 하네다 공항 외 4개 공항의 비행기 편수
D: 지금 날고 있는 주요 공항 외 비행기 편수
지금 일본 상공을 날고 있는 국내선 비행기 = A+C+D
(이상 모두 분해)

국내선 비행기가 1편당 1시간 반 정도 비행한다고 가정하면, 90분 ÷ 5분 = 18편이 지금 하네다발 비행기로 날고 있다.
다음으로 이타미, 주부, 후쿠오카, 신치토세 공항을 이용하는 인원수를 도도부현 인구수를 참고하여 다음과 같이 가정한다.
이타미 = 간사이권 2,000만 명
주부 = 나고야 도시권 600만 명
후쿠오카 = 후쿠오카 도시권 300만 명
신치토세 = 삿포로 도시권 300만 명

이를 합하면
2,000만 + 600만 + 300만 + 300만 = 3,200만 명
이는 수도권과 비교하면 거의 비슷한 인구 규모다.
따라서 이들 공항에서 출발하는 비행기 편수도 하네다 편과 같은 18편으로 가정한다.

마지막으로 지방 공항에서 출발하는 비행기 편수를 생각해 보자.
주요 공항(하네다, 이타미, 주부, 후쿠오카, 신치토세)을 제외한 지방 공항은 50개 이상이다. 이들 공항에서 출발하는 비행기 편수는 마케팅 분야에서 유명한 파레토 법칙(Pareto's Law)을 활용한다.
즉, 주요 공항 : 지방 공항 = 8 : 2로 정의하고 (비교한 결과를 활용하여) 출발 편을 가정한다.
여기까지의 계산으로 하네다 + 주요 4개 공항에서 출발하는 비행기 편수의 합계는 18 + 18 = 36편이다. 이를 파레토 법칙에 대입하면
36 : ? = 8 : 2
따라서 지방 공항에서는 9편이 출발한다는 계산이 나온다.

18 + 18 + 9 = 45편

Answer   45편

해설

비행기의 비행 시간을 가정하는 건 간단해도 공항 이용자 수를 가정하려면 약간의 센스가 필요하다. 이번에 예시로 든 주요 공항(하네다, 이타미, 주부, 후쿠오카, 신치토세)의 경우는 각 공항에서 가까운 도시의 인구를 활용했고, 그 외에는 마케팅 법칙을 대입하여 수치를 가정했다.

포인트는 '그 수치와 같은 규모의 것은 무엇인가?'이다. 예를 들어, 교장 선생님은 학교 수만큼 있다. 따라서 두 수는 서로 같은 규모가 된다. 알고 싶은 수치를 찾지 못한다면 같은 규모의 다른 것을 찾아 수치를 가정할 수 있다.

또한 비즈니스에서 일반적으로 활용하는 (수치로 표시하는) 법칙은 이번 경우처럼 수치를 가정할 때 매우 편리하게 쓰인다. 특히 파레토 법칙은 아주 유명하며 세상의 다양한 것을 설명하는 원리나 원칙으로 자주 사용된다. 꼭 활용해 보길 바란다.

파레토 법칙이란?

'80:20 법칙'이라고도 하며 '전체 수치의 80%는 전체를 구성하는 요소 중 20%가 만들어 낸다'는 경험칙이다. 이탈리아의 경제학자 빌프레도 파레토(Vilfredo Pareto)가 발견한 법칙으로 다양한 것에 대입해 활용할 수 있다.

종합 트레이닝 ⑭

Comprehensive Training
레벨 5

Q uestion **일본 국내선에는 1년간 몇 명이 탑승할까?**
(일본인, 외국인 등 국적 상관없이)

전제

- 하네다 공항 로비의 전광판에서는 5분 간격으로 출발 예정을 알린다.
- 하네다 외 주요 공항은 허브 공항인 이타미, 주부, 후쿠오카, 신치토세로 네 곳이다.
- 공항 이용자 수를 가정할 때는 도도부현 인구수를 참고한다.
- 주요 공항(하네다, 이타미, 주부, 후쿠오카, 신치토세) 외 지방 공항은 50개 이상이다.
- 각 공항은 6시부터 23시까지 운영한다.
- 대형 항공회사인 JAL 및 ANA의 주요 기종은 다음과 같다.
  JAL의 주요 기종: 보잉 787(총 좌석수 291석), 보잉 737(총 좌석수 165석)
  ANA의 주요 기종: 보잉 787(총 좌석수 335석), 보잉 737(총 좌석수 166석)

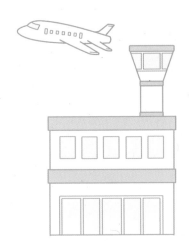

A: 하네다 공항에서 하루에 출발하는 편수 = 1시간 동안 출발하는 편수 × 17시간
B: 하네다 외 주요 공항(이타미, 주부, 후쿠오카, 신치토세)의 하루 출발 편수
C: 그 외 전국 지방 공항의 하루 출발 편수
D: 하루 출발 편수 = A + B + C
일본 국내선의 연간 탑승자 수 = D × 1편당 평균 탑승자 수 × 365일
(이상 모두 분해)

하네다 공항은 6시부터 23시까지(17시간) 운영하고, 5분 간격으로 출발한다(1시간 동안 12편). 따라서 하네다 공항에서 하루에 출발하는 편수는
12편 × 17시간 = 204편

이어서 바로 앞 문제에서도 해설한 것처럼, 하네다 외 주요 공항(이타미, 주부, 후쿠오카, 신치토세)의 인구를 총계하여 비교하면 하네다와 동등해진다. 따라서 이들 네 개 공항에서도 같은 편수(204편)가 출발한다고 가정한다.

또한 그 밖의 지방 공항의 출발 편수는 앞의 문제와 마찬가지로 파레토 법칙을 적용하여 계산한다. 주요 공항 : 지방 공항 = 8 : 2라고 하면
408 : ? = 8 : 2
따라서 지방 공항의 출발 편수는 102편이 된다.
이상으로 일본 전국에서 하루에 출발하는 편수는 다음과 같다.
하루에 출발하는 편수 = 204편 + 204편 + 102편 = 510편

마지막으로 한 편당 평균 몇 명이 탑승할지 생각한다.
전제인 총 좌석수에서 평균치를 계산하고, 이를 비행기의 평균 좌석수라고 가정하여 계산한다.
(291석 + 165석 + 335석 + 166석) ÷ 4 ≒ 239석

또한 탑승률을 70%로 가정한다.
이는 코로나 상황 전 평상시를 100%로 가정했을 때, 이와 비교해 현재가 어느 정도인지 예측한 결과를 수치화한 것이다.
239석 × 0.7 ≒ 167명

510편 × 167명 × 365일 ≒ 3,108만 명

Answer   3,108만 명

코로나 팬데믹으로 비행기 탑승객 수는 심각할 정도로 줄었다. 예를 들어 국토교통성에 따르면, 2020년 일본 국내 정기 항공 운송 실적은 전체 3,377만 명인데, 이는 전년도 대비 66.9% 감소한 수치라고 한다(※1).

이 책이 출간되는 시기에는 조금 회복되었을지 모르지만 규모로는 큰 차이를 느낄 수 없다. 평균 탑승률 70%는 이러한 배경을 근거에 둔 가정이다. 이러한 의미에서도 역시 페르미 추정은 기계가 할 수 있는 논리적인 계산이 아니다. 그만큼 오늘날의 세상을 살아가는 데 인간의 직감은 아주 중요하다.

※1 국토교통성, 《일본 항공 운송 통계 연보 2020년도분》(国土交通省, 『航空輸送統計年報の概要(令和2年度分)』), 2021년 6월 30일 공표

종합 트레이닝 ⑮

Q 일본에는 차량용 신호기가 몇 대 있을까?

전제

- 이 문제에서는 차량용 신호기로 한정하고 보행자용은 포함하지 않는다.
- '빨강·노랑·초록'으로 된 신호기 하나를 한 대로 센다.
- 예를 들어, 교차로에서 어느 방향을 향한 신호기가 두 대 있다면, 사거리에서는 2×4=8대로 센다.
- 일본의 면적을 38만 km²라고 한다.

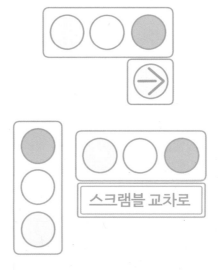

스크램블 교차로

1) 차량용 신호기 설치 대수
    = 일본 면적 ÷ 신호기 설치 장소 한 곳당 면적 × 한 곳당 평균 설치 대수 (분해)
    한 번에 이를 다 구하기는 어려우므로, 면적을 평지와 산지 두 종류로 분해하여 비교함으로써 비율을 가정한다.
    평지 = 25%, 산지 = 75%

2) 또한 평지의 신호기 설치 상황을 다음과 같이 세 가지 패턴으로 분해한다.
    (A) 큰 교차로(12대 설치): 편도 3차선 이상 큰 국도, 현도(県道).
        사방 4/3km에 한 곳. 40km/h로 주행 시 2분마다 나타나는 빈도.
    (B) 중간 교차로(8대 설치): 편도 2차선 국도, 현도.
        사방 1km에 한 곳. 30km/h로 주행 시 2분마다 나타나는 빈도.
    (C) 작은 교차로(4대 설치): 편도 1차선 현도, 사도(私道).
        사방 0.5km에 한 곳. 30km/h로 주행 시 1분마다 나타나는 빈도.
    이 세 가지를 비교해서 아래와 같은 비율로 가정한다.
    A : B : C = 20% : 60% : 20%

3) 마찬가지로 산지의 신호기 설치 상황을 다음과 같이 두 가지 패턴으로 분해한다.
    (D) 중간 교차로(8대 설치): 편도 2차선 국도, 현도.
        사방 2.5km에 한 곳. 30km/h로 주행 시 5분마다 나타나는 빈도.
    (E) 작은 교차로(4대 설치): 편도 1차선 이상 현도, 사도.
        사방 5km에 한 곳. 30km/h로 주행 시 10분마다 나타나는 빈도.
    이 두 가지를 비교해서 아래와 같은 비율로 가정한다.
    D : E = 20% : 80%

이상을 정리하면 다음 표와 같다.

일본 면적(km²)	구분	비율	교차로 종류	비율	교차로 면적(km²)	설치 수(대)
380,000	평지	25%	큰 교차로	20%	1.78	12
			중간 교차로	60%	1.00	8
			작은 교차로	20%	0.25	4
	산지	75%	중간 교차로	20%	6.25	8
			작은 교차로	80%	25.00	4

(A) 38만 × 0.25 × 0.2 ÷ 1.78 × 12 = 128,090
(B) 38만 × 0.25 × 0.6 ÷ 1.00 × 8 = 456,000
(C) 38만 × 0.25 × 0.2 ÷ 0.25 × 4 = 304,000
(D) 38만 × 0.75 × 0.2 ÷ 6.25 × 8 = 72,960
(E) 38만 × 0.75 × 0.8 ÷ 25.00 × 4 = 36,480
따라서 일본 전국의 신호기 개수는
128,090 + 456,000 + 304,000 + 72,960 + 36,480 = 997,530대

Answer   997,530대

해설

이 문제의 포인트는 모든 신호기를 하나의 전체로 보고 이를 면적 문제로 생각하는 것
이다. 교차로에 신호기가 최소 4대가 있다고 생각했고, 교차로의 크기로 그 수치의 대
소를 표현했다. 또한 일본의 면적을 평지와 산지로 분해했다는 것도 중요하다. 평지와
산지로 비교하면 쉽게 이미지가 떠올라 현실적인 수치를 가정할 수 있게 된다.
이렇게 페르미 추정은 가정, 분해, 비교라는 세 가지 사고의 조합으로 이루어진다는
것을 다시 확인했다. 참고로 경찰청의 데이터를 보면 2020년도 기준 1,271,934대가
있다. 대략적인 규모를 파악하는 것이 목적이라면 꽤 근접한 어림셈이다.

전제로 활용하기 좋은 데이터

페르미 추정을 할 때 자주 사용되는 데이터가 있다. 그중에서 사용 빈도가 높은 데이터를 몇 개 소개하겠다. 주요 단위나 계산식도 있으니 페르미 추정으로 답을 낼 때 힌트로 활용하면 좋다. 평소 생활에서 쉽게 접하는 숫자인 만큼 잘 알아 두자.

세계 관련 데이터

전 세계 국가 수	196개국
전 세계 인구	약 79억 5,400만 명
지구 표면적	약 5억 1,000만km²
바다와 육지의 면적 비율	바다: 70%, 육지: 30%
지구 지름	약 12,700km
지구 둘레	약 40,000km

주요 단위

질량
1kg = 1,000g
1g = 1/1,000kg
1t = 1,000kg

길이
1m = 100cm
1cm = 1/100m
1mm = 1/1,000m
1km = 1,000m

용적
1L = 1,000ml
1cm³ = 1ml

기본 계산식

밀도 = 단위 부피의 질량 = 질량 / 부피
속도 = 단위시간당 진행 거리 = 거리 / 시간
구 표면적 = 반지름 × 반지름 × 원주율 × 4
구 부피 = 4/3 × 원주율 × 반지름의 세제곱
원주 = 반지름 × 2 × 원주율
원의 넓이 = 반지름 × 반지름 × 원주율

Part

6

불확실한 시대를 사는 사람을 위한

수학적 사고

수학이 아닌
수학적 사고

Part 6에서는 페르미 추정을 활용하기 전에 필요한 수학적 사고법을 소개한다.
이런 사고법을 익히면 머리를 수학적으로 활용할 수 있게 된다.

Part 5를 열심히 읽고 페르미 추정을 배운 당신은 이제 애매한 문제를 어느 정도 수치화하는
데 재미를 느꼈을 것이다. 이미 머리 좋은 사람의 반열에 올랐다 해도 과언이 아니다.

이제 Part 6에서는 페르미 추정을 이해했다는 전제하에 이를 활용하기 전 필요한 '수학적
사고'가 무엇인지 설명할 것이다. 수학이라는 단어에 겁을 먹는 사람도 있을 것이다. 그러나
'수학'이 아니라 '수학적'인 것이다. '지금부터 학창 시절에 배운 수학을 다시 배우자!'라고 말
하려는 게 아니다. 수학으로 익히는 '사고법' 훈련이 목표다.

페르미 추정에 앞서
수학적 사고가 있다!

수학적 사고

페르미 추정을 배우는 것만으로도 충분히 머리 좋은 사람이 될 수 있다.
하지만 그보다 먼저 수학적 사고를 익히면 더욱 수준 높은 문제 해결 능력이 생긴다.

페르미 추정

물론 수학 문제를 풀 때 활용하는 수식 등을 미리 배우는 것도 추천한다. 이 책에서는 수학을 활용한 사고법을 수학적 사고법이라고 부르겠다. 업무나 일상생활에서 스스로 생각하고 답을 내야 하는 경우가 종종 있을 것이다. 이 사고법은 그때 발생하는 문제를 해결하는 데 도움이 된다.

이 사고법을 알면 문제 해결 능력이 자연스레 생길 뿐만 아니라 당신의 인생에도 훨씬 좋은 영향을 줄 것이다.

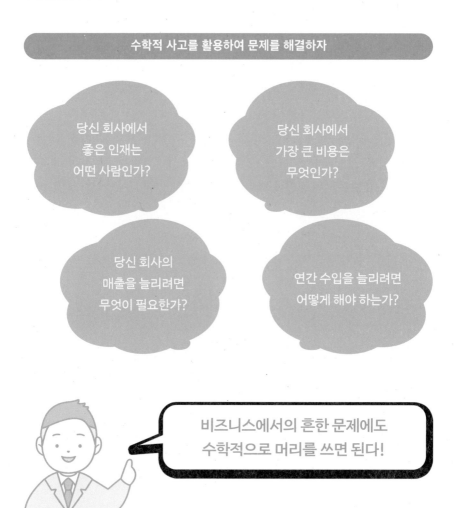

수학적 사고를 활용하여 문제를 해결하자

당신 회사에서
좋은 인재는
어떤 사람인가?

당신 회사에서
가장 큰 비용은
무엇인가?

당신 회사의
매출을 늘리려면
무엇이 필요한가?

연간 수입을 늘리려면
어떻게 해야 하는가?

비즈니스에서의 흔한 문제에도
수학적으로 머리를 쓰면 된다!

수학적
사고란?

이 세상의 어떤 문제든 머리를 써 해결할 때는
반드시 수학적 사고가 필요하다.

수학적 사고는 크게 3단계로 이루어진다. STEP 1은 '정의'로 'A는 이것이다.'라고 정하는 것
이다. 이어서 STEP 2는 '분석'으로 'A가 어떠한 성질을 가졌는지 파악한다.'이다. 마지막으로
STEP 3은 '체계화'로 'A는 이러한 구조·모델이다.'라고 밝히는 것이다.

이 세 가지 단계가 필요한 구체적인 이유를 들어 보겠다. 예를 들어, '아르바이트 급여란 무
엇인지 수학적으로 설명하시오.'라는 질문을 받았다고 하자. 그러면 당신은 '시급(금액)과 근
무 시간을 곱한 것'이라고 대답한다. 아르바이트를 해 본 사람이라면 누구나 이렇게 계산한
다. 이것이야말로 수학적 사고다.

'아르바이트 급여'를 아르바이트를 해서 받은 보수라고 정의하고, 이어서 아르바이트로 받은
보수를 '시급'과 '근무 시간'이라는 두 개로 분해한다. 이런 식으로 어떤 아르바이트라도 똑같

수학적 사고의 3단계

수학적 사고로 정의, 분석, 체계화라는 각 단계를 실행해
자신만의 답을 도출할 수 있다.

STEP 1 정의: 지금부터 생각하는 대상 A를 정확하게 언어화하기
STEP 2 분석(분해 & 비교): A의 특징 탐구
STEP 3 체계화(구조화 & 모델화): A의 모습을 누가 보아도 알 수 있도록
　　　　구체화하기

※ '분해', '비교', '구조화', '모델화'에 대해서는 이후에 해설한다.

은 설명이 가능하도록 체계화했다.

아마도 당신은 머릿속으로(무의식적으로) 이러한 과정을 거쳐 답을 도출했을 것이다. 이처럼 수학적으로 '머리 쓰는 법'은 단순히 계산 문제를 기계적으로 푸는 행위가 아니다. 정의한 것을 분석하고 그것을 체계화해서 누구나 알 수 있도록 구체화하여 설명하는 행위다.

수학 계산 문제를 푸는 건 일상생활에서 흔치 않겠지만, 이처럼 머리를 써야 하는 경우는 꽤 있다.

'아르바이트 급여'를 설명해 보자

STEP 1
'아르바이트 급여'를 정의하기
'아르바이트 급여'는 아르바이트를 해서 받은 보수다. (정의)

STEP 2
'아르바이트를 해서 받은 보수'를 분석한다.
'시급'과 '근무 시간'이라는 두 가지 요소로 정해진다는 점을 이해한다. (분해)
아르바이트 급여 = 시급 × 근무 시간

STEP 3
어떤 아르바이트라도 똑같은 설명이 가능하도록 체계화하기
일반적으로 '아르바이트 급여'를 Y, '시급'을 A, '근무 시간'을 X라고 하면 Y는 A와 X의 곱(Y = AX)이라는 구조가 된다. (체계화)

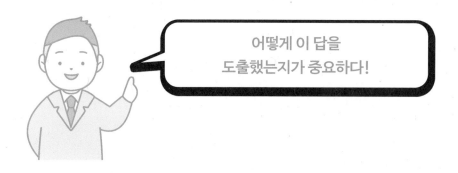

어떻게 이 답을
도출했는지가 중요하다!

다섯 가지 개념을
이해하자

수학적 사고의 각 단계를 생각하기 전에 중요한 '정의', '분해', '비교', '구조화',
'모델화'라는 다섯 가지 개념을 해설한다.

앞서 수학적 사고는 크게 세 단계로 나누어져 있으며 이때 머리를 활용하는 방법을 '수학적
사고'라고 설명했다.

이 세 단계를 훨씬 구체적으로 나누면 '정의', '분해', '비교', '구조화', '모델화'라는 다섯 가지
사고법으로 정리할 수 있다. 수학적 사고법은 이 다섯 종류의 개념을 정리하거나 조합한 것
이다.

STEP 2의 분석 중 '분해', '비교'라는 개념이 있다. 이 두 개념은 페르미 추정에서도 이미 보
아서 익숙할 것이다. 분석은 대상을 세세하게 나누어서 그 내용을 파악하고 분명하게 만드
는 것이고, 비교는 어떤 대상과 다른 대상을 비교하는 것이다. 분석을 위해 이 두 개념을 다
사용하기도 하지만 둘 중 하나만 사용하기도 한다.

다섯 가지 개념

STEP 1 정의	→	STEP 2 분석	→	STEP 3 체계화
정의		분해 + 비교		구조화 + 모델화

STEP 3의 체계화에는 '구조화'와 '모델화'라는 개념이 있다. 구조화는 대상이 어떤 구조로 되어 있는지 설명하는 것이고, 모델화는 다른 것끼리의 연관성을 찾고 거기에서 성질을 도출하여 일반적인 모델로 만드는 것이다. 앞으로 이 다섯 가지 개념을 좀 더 자세히 설명하겠다.

정의	규정하는 것. '○○는 ~이다.'라고 언어화하는 행위. (예) 돈은 신용이다. (예) 돈은 생활하는 데 필수품이다.
분해	작게 나누는 것. 사칙연산을 활용해 대상의 내용을 파악하는 행위. (예) 매상 = 객단가 × 고객 수 (예) 이익률 = (매상 − 비용) ÷ 매상
비교	다른 것을 비교하는 것. 정량적인 대소나 정성적인 차이를 밝히는 행위. (예) 두 사람 중 누가 연상인가? (예) 두 사람 중 누가 잘생겼는가?
구조화	대상을 구조로 설명하는 것. 추상적인 것을 구체화하는 행위. (예) 형과 남동생 관계는 언니와 여동생 관계와 구조가 같다. (형 : 남동생 = 언니 : 여동생) (예) 적도의 길이를 재는 것은 원주의 길이를 구하는 문제와 같은 구조다.
모델화	다른 것끼리의 연관성을 찾는 것. 여기에서 성질을 도출해서 일반적인 모델로 만드는 행위. (예) 커뮤니케이션의 양은 신뢰 관계 정도에 비례한다. (예) 사람과의 접촉이 늘면 감염병 확산 속도가 급증한다.

페르미 추정으로 배운 것을 활용해서
수학적 사고를 이해하자!

정의란
대상의 범위를 정하는 것

수학적 사고는 정의에서 출발한다.
'정의하다'라는 말은 무슨 뜻일까?

먼저 수학적 사고의 STEP 1인 '정의'에 대해 설명하겠다. 정의는 말 그대로 규정하는 것으로 '○○은 △△이다.'라고 언어화하는 행위다. 예를 들어, 카레라이스를 정의해 보자. 카레라이스는 고기와 채소를 푹 삶아 낸 국물에 카레 가루나 향신료 등을 첨가한 것을 밥에 붓거나 곁들여 먹는 요리다. 대상을 정의하면 '그것'과 '그것이 아닌 것'을 확실히 분류할 수 있다. 즉 카레라이스를 정의하면 언뜻 비슷한 하이라이스나 비프스튜와 분류할 수 있다.

이번에는 수학적인 예를 한번 들어 보자. 삼각형을 정의하면 '삼각형이 아닌 것'을 제외할 수 있다. 수학은 특정 범위 외의 것을 인정하면 학문으로서 성립하지 않는다. 그래서 수학은 정의가 생명이다.

만약 당신이 수학적 사고를 갖추고 싶다면, 우선 정의가 생명이라는 감각을 익히는 것에서

출발해야 한다. 정의를 확실히 해야 '애매한 상태'를 허용하지 않는다. 확실히 범위를 정하지 않고 애매한 상태로 일을 시작해도 될 만큼 비즈니스는 호락호락하지 않다. 애매한 상태에서 시작하면 결론 또한 좋지 않다. 문제 해결을 잘하는 사람은 이러한 부분을 잘 알고 있어 반드시 처음부터 대상을 확실히 정의하려 한다. 예를 들어 인사(人事)에 관한 문제를 생각한다면, 처음부터 '인사 문제'의 범위를 분명히 언어화하고 '인사 문제'와 아닌 문제를 구별해야 한다.

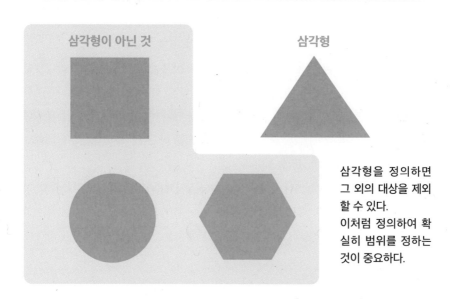

정의하면 다른 것과 확실하게 분류할 수 있다

삼각형이 아닌 것

삼각형

삼각형을 정의하면 그 외의 대상을 제외할 수 있다.
이처럼 정의하여 확실히 범위를 정하는 것이 중요하다.

수학적 사고에서 정의는 생명이다!

정의를 바꾸면
모든 것이 바뀐다

왜 이렇게까지 정의가 중요할까?
그 이유는 '재정의'하면 알 수 있다.

정의를 익히는 간단한 사례를 연습하자. 평소 생활에서 수학 문제를 풀어야 하는 경우는 많지 않다. 하지만 일상생활과 밀접한 문제에 수학적 사고를 활용하는 경우는 꽤 있다. 그래서 이 책에서도 평소에 쉽게 접할 수 있는 문제를 다루었다.

예를 들어 '당신에게 지금 하는 일은 어떤 의미인지 정의해 주십시오.'라는 문제가 있다고 하자. 그러면 사람에 따라 이를 '삶의 보람'이라고 정의하거나, 어쩌면 '생활 수단'이라고만 정의하는 사람도 있을 것이다. 정답은 없지만, 여기서 한 가지 확실한 건 어떤 정의든지 일에 대한 당신의 '본심'을 표현했다는 점이다. 만약 이 정의를 바꾼다면 일에 대한 당신의 태도 또한 아주 기초적인 것부터 달라질 것이다.

사실 재정의에는 큰 장점이 있다. 예를 들어 세미나 강사가 직업인 사람이 있다고 하자. 이 사람이 자신의 일을 '세미나에서 강의하고 돈을 버는 것'이라고 정의하면, 세미나를 하는 것과 돈을 버는 것이 목적이 된다. 하지만 '남에게 도움을 주는 것'이라고 재정의하면, 강의 내

Q uestion   '지금 하는 일의 의미'를
정의하자.

Answer

대답 예시
• 시간을 들여 노동하여 급여를 받는 것
• 자신의 재능을 발휘하는 것
• 타인을 위해 봉사하는 것 등

용이나 참가자를 대하는 자세가 분명히 달라진다.

수학에서 정의는 매우 중요하다. 이는 우리가 사는 세상에서도 마찬가지다.

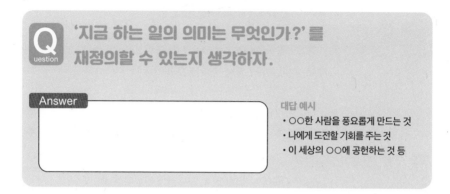

Q uestion
'지금 하는 일의 의미는 무엇인가?'를 재정의할 수 있는지 생각하자.

Answer

대답 예시
· ○○한 사람을 풍요롭게 만드는 것
· 나에게 도전할 기회를 주는 것
· 이 세상의 ○○에 공헌하는 것 등

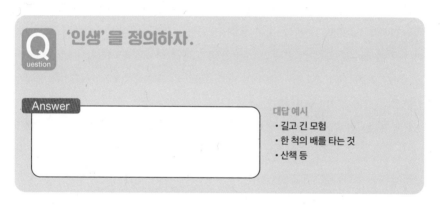

Q uestion
'인생'을 정의하자.

Answer

대답 예시
· 길고 긴 모험
· 한 척의 배를 타는 것
· 산책 등

쉽게 접할 수 있는 문제부터 생각하자!

세세히 나누면
보이기 시작한다

분해할 때는 '될 수 있는 한 작게 나누자.'라는 생각으로 접근하자.
세세히 나눌수록 문제 파악에 도움이 된다.

STEP 2의 분석에는 분해와 비교라는 두 가지 개념이 있다고 앞서 설명했다. 여기에서는 분해에 관해 다시 한번 설명하겠다. 분해의 사전적 의미는 대상을 세분화하여 요소로 나누는 것. 그리고 요소나 성분 등을 구체화하는 것이다. 즉, 대부분의 분석은 분해인 셈이다.

이미 이 책에서도 분해하는 것을 '대상을 세세히 나누는 것' 그리고 분해하여 몰랐던 것을 밝히는 것이라고 설명했다. 수학은 바로 이러한 학문이다. 학창 시절에 인수분해를 배웠을 것이다. 24를 인수분해하려면 먼저 2로 나누는데, 그러면 $24=2 \times 12$가 된다. 이를 더 나누면 $24=2 \times 2 \times 2 \times 3$이 된다. 2와 3은 더는 나눌 수 없으므로 이 이상 작게 나눌 수 없다. 이 상태가 되면 최대공약수와 최소공배수를 알 수 있고 방정식을 풀 수 있다.

이처럼 그 대상을 깊이 알려면 분해하는 방법이 제일 좋다. 어려운 문제를 만나도 그 문제를

더는 나눌 수 없을 만큼 작게 분해하기

$$2 \overline{)\ 24} \quad \cdots \quad 24 \div 2 = 12$$

$$2 \overline{)\ 12} \quad \cdots \quad 12 \div 2 = 6$$

$$2 \overline{)\ 6} \quad \cdots \quad 6 \div 2 = 3$$

$$3$$

소수이므로
여기까지

24를 분해하다 보면 소수인 3이 된다. 소수는 1과 그 숫자 말고는 분해할 수 없는 수이므로 더는 작게 분해할 수 없다.

세세히 나누면 쉽게 해결할 수 있다.

예를 들어, 갑자기 내일까지 프레젠테이션 준비를 해야 한다고 하자. 이때 '필요한 서류 준비하기', '회의장 잡아 두기', '프레젠테이션 예행 연습하기' 등 해야 할 일을 자세히 나누면 무엇을 해야 하는지 확실히 보인다. 각 요소를 동료에게 분담할 수 있다면 이 문제는 쉽게 해결할 수 있다.

내일까지 빨리 프레젠테이션을 준비해야 하는 긴급한 상황에서도 해야 할 업무를 하나하나 분해하다 보면 일을 차근차근 해결할 수 있다. 그러면 내가 아닌 다른 사람에게 부탁해도 괜찮은 일이 보일 것이다.

가능한 한 작게 나눠 보자.

분해
트레이닝을 하자

데카르트나 손자(孫子)의 말에도 분해에 대한 힌트가 숨어 있다.
이쯤에서 다시 분해의 감각을 떠올려 보자.

"어려운 문제일수록 잘게 나눠서 생각하라."라는 명언이 있다. 이는 프랑스 태생의 철학자 르네 데카르트(René Descartes)의 말이다. 어려운 문제에 직면했을 때 그 문제를 분해하면 답에 가까워질 수 있다는 뜻이다.

또한 중국의 유명한 병법서인《손자병법》에는 "우리가 하나로 뭉치고 적은 열 명으로 흩어진 상태라면 열 명의 적이 아닌 하나를 상대하는 셈이다."라는 글이 있다. 이는 적을 소수로 흩어지게 한 뒤 다수의 아군으로 각개격파하는 전술이다. 이 전술로 많은 장수가 전과를 거두었다고 한다.

예를 들어 당신도 평소 회사나 부서의 매출을 올리는 방법을 궁리하거나 히트 상품이 될 신제품을 고민할 것이다.

또한 개인사나 인간관계로 고민하고 있을 수도 있다.

그럴 때는 문제를 작게 나눠 생각해 보자. 그러다 보면 의외의 사실이 보이면서 갑자기 해결

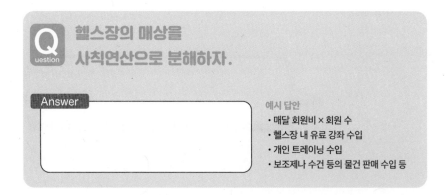

Q question
헬스장의 매상을
사칙연산으로 분해하자.

Answer

예시 답안
• 매달 회원비 × 회원 수
• 헬스장 내 유료 강좌 수입
• 개인 트레이닝 수입
• 보조제나 수건 등의 물건 판매 수입 등

될 수도 있다. 사실 대부분의 고민은 그렇게 대단한 일이 아니다. 이쯤에서 Part 3에서 익힌 분해 기술을 복습해 보자.

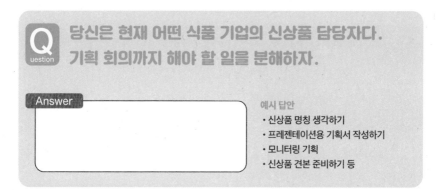

Question 당신은 현재 어떤 식품 기업의 신상품 담당자다. 기획 회의까지 해야 할 일을 분해하자.

Answer

예시 답안
• 신상품 명칭 생각하기
• 프레젠테이션용 기획서 작성하기
• 모니터링 기획
• 신상품 견본 준비하기 등

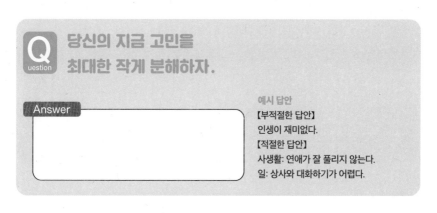

Question 당신의 지금 고민을 최대한 작게 분해하자.

Answer

예시 답안
【부적절한 답안】
인생이 재미없다.
【적절한 답안】
사생활: 연애가 잘 풀리지 않는다.
일: 상사와 대화하기가 어렵다.

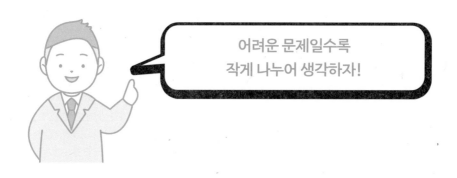

어려운 문제일수록
작게 나누어 생각하자!

정성적인 것도
비교할 수 있다

수치는 쉽게 비교할 수 있지만 수치가 아니라면 쉽지 않다.
그럴 때는 수치로 환산하는 발상이 도움이 된다.

Part 4에서는 비교를 주제로 트레이닝했다. 그렇다면 여기서 잠깐 복습하자. 비교에서 중요한 것은 '수치여야 한다.'는 점이다.

일반적으로 숫자로 표현하는 것을 '정량(定量)'이라고 하며, 숫자로 나타낼 수 없는 것을 '정성(定性)'이라고 한다. 언뜻 보면 애매해서 표현하기 어려운 정성적인 것도 수학적 사고를 활용하면 누구나 수치로 바꿔 정량적인 정보로 표현할 수 있다.

예를 들어, 학창 시절에 공부를 잘했다는 사실을 설명할 때 "성적표 평점을 보면 수학은 항상 5를 받았습니다." 또는 "1등급이었습니다."라고 한다. 이것이야말로 '우수'하다는 정성적

기준을 만들면 애매한 것에 의미를 부여할 수 있다

학창 시절에 공부를 잘했다고 말로 하는 건 애매하다. 대신 "전 과목 5점 만점이었다."라고 숫자로 바꾸어 말하면 얼마나 공부를 잘했는지 확실히 표현할 수 있다.

인 것을 성적표 평점이라는 숫자로 바꿔 표현한 것이다. 그러면 이 말을 듣는 사람도 "학창 시절에 정말로 공부를 잘하는 학생이었군요."라며 고개를 끄덕일 것이다.

이처럼 우리 주변에는 확실히 표현하기 어려운 감각적인 것이 많다. 객관적인 비교는 어렵 겠지만, 이럴 때도 역시 기준을 어떠한 수치로 바꾼다면 다른 것과 비교할 수 있다. 그러면 수치에 구체적인 의미 부여가 가능해진다.

이러한 시점으로 Part 4의 연습 문제를 반복하면 훨씬 깊이 있게 이해할 수 있다.

정성적인 것을 정량적인 것으로 바꾸는 발상을 하자

정성적 정보
숫자 정보가 아니라서 비교가 어렵다.

정량적 정보
숫자 정보라서 비교가 쉽다.

정성적 정보를
정량적 정보로 바꾼다.

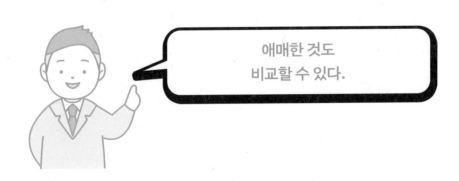

애매한 것도
비교할 수 있다.

수치로 바꿔 비교하자

애매하거나 확실하게 정의하기 어려운 것을
비교하는 트레이닝을 하자.

정성적인 것을 정량화하는 감각을 기르는 연습 문제를 풀어 보자. 예를 들어 '친구와 지인의 차이를 설명하라.'라는 질문이 있다. 우정은 눈에 보이지 않는다. 지인 중에서 특별히 더 마음이 가는 사람이 친구다. 그런데 이를 수학적으로 설명하면 어떻게 될까? 친구는 서로를 잘 알고, 무슨 생각을 하고 있는지를 아는 사이이다. 또한 한동안 만나지 못했다 만나도 어색하지 않다. 그래서 장시간 함께 있어도 스트레스를 받지 않는다.

이런 의미에서 1년 동안 가장 오랜 시간을 공유하고 있는 사람이 친구라고 생각할 수 있다. 친구라는 정성적 의미를 함께 있는 시간이라는 정량적인 것으로 변환해 보는 것이다.

눈에 보이지 않는 감정 중에는 '사랑'도 있다. '지금 사귀고 있는 애인에 대한 사랑'을 분석하는 일도 흥미롭다. 또한 확실하게 정의하기 어려운 것에는 '건강'도 있다. 가치관은 사람에 따라 다르므로 확실한 기준만 있으면 의미를 부여하기가 수월하다. 비교를 연습하며 이 문제를 한번 생각해 보자.

Q uestion '친구'와 '지인'을 수치로 변환해 비교하자.

Answer

예시 답안
• 1년 새 가장 오랜 시간을 공유한 사이
• 지금까지 인생에서 알고 지낸 지 가장 오래된 사이 등

Question '애인에 대한 사랑'과 '친구에 대한 사랑'을
수치로 변환해 비교하자.

Answer

예시 답안
• 애인과 이성 친구의 생일 선물 가격을 비교한다 등

 Question '아주 건강한 사람'과 '보통 건강한 사람'을
수치로 변환해 비교하자.

Answer

예시 답안
• 인사 횟수나 목소리 크기
• 걷는 속도 등

 무엇이든 숫자로 바꿔 보자!

대상에는
구조(짜임새)가 있다

대상을 설명할 수 있는 상태로 만드는 것을 체계화라고 정의한다.
체계화에는 '구조화'와 '모델화'가 있다.

수학적 사고의 STEP 3는 체계화다. 한마디로 '이러이러하다고 설명하는 것'이다. 그리고 설명 방법은 구조화와 모델화(P. 182), 이렇게 두 종류가 있다.

우선 구조화가 무엇인지 그 요점을 아주 간략하고 쉽게 설명하자면, 구조화는 '이러한 구조(짜임새)로 되어 있습니다.'라고 설명하는 행위를 말한다.

예를 들어 수학에서는 '2X+2Y=2'라는 식과 'X+Y=1'이라는 식은 완전히 같은 식이다. 구조적으로는 똑같기 때문이다.

사실 이 구조화라는 생각은 '닮은 점을 발견할 때' 유용하다. 예를 들어 자동차와 동물인 기

아날로지(유추)란?

특징은 비슷하지만 전혀 다른 대상을 들어 같은 구조의
다른 대상을 헤아리는 것을 아날로지(유추)라고 한다.

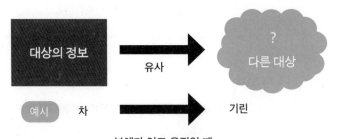

본체가 있고 움직일 때
네 개의 타이어(다리)를 사용한다

린은 아주 닮은 꼴이다. 왜냐하면 본체가 있고 움직일 때는 네 개의 타이어(다리)를 사용하기 때문이다. 물론 자동차와 기린은 본질이 완전히 다르다. 그러나 우리는 이 두 가지를 '같은 구조'라고 이해한다. 언뜻 달라 보이지만 실은 구조가 같은 것을 '비슷한 것'이라고 생각한다. 이렇게 생각하는 것을 '아날로지(analogy)(유추)'라고 한다.

아날로지는 특정 대상에서 도출한 정보를 근거로 다른 특정 대상을 유추하는 것이다. 예를 들어 '유리잔에서 물이 넘치는 것'과 '잔업'은 언뜻 달라 보여도 사실 같은 구조다. 둘 다 능력 (용량)에 한계가 있는데, 이 한계를 넘은 상태를 가리키기 때문이다. 머리가 좋은 사람이 외견상 달라 보이는 대상의 구조가 같다는 점을 빨리 발견하는 이유는 수학적 사고의 일부인 구조화를 이미 익혔기 때문이다. 조금 어렵지만, 관심을 가지고 꼭 익혀 두길 바란다.

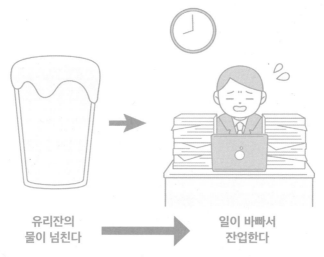

| 유리잔의
물이 넘친다 | → | 일이 바빠서
잔업한다 |

능력(용량)에 한계가 있고 이를 넘어선 상태

구조(짜임새)를 설명하자!

예시를 구조화하여
생각하자

**평소에 대상을 볼 때 그 구조를 생각하면
좋은 트레이닝이 된다.**

구조화를 잘하려면 평소에도 'A는 B와 같은 것이다.'라는 예시를 생각하면 훌륭한 트레이닝이 된다. 잠깐 짬이 날 때나 출근 시간의 전철에서 하면 딱 좋다. 어렵게 생각할 필요는 없고 게임처럼 감각으로 즐기는 것이 중요하다.

예를 들어, 선술집의 비즈니스 모델을 생각해 보면 원가율이 높은 주류를 음식보다 많이 주문해야 벌이가 되는 구조다. 냉두부나 닭꼬치를 싸게 먹을 수 있는 이유도 주류에서 수익이 나야 하기 때문이다.

이 선술집의 비즈니스 모델을 정리한 것이 다음 표다. 표를 보면 알 수 있듯이 선술집의 매상은 얼마나 많은 주류를 주문하는지에 달려 있다. 그리고 '게임의 게임기와 소프트웨어', '만

선술집의 비즈니스 모델은?

선술집에서 주문하는 모습을 떠올리면서 어떤 구조인지 생각하자.

	음식	주류
수익	적다	많다
재주문 (리필)	적다(1회)	많다

음식의 가격은 싸게 설정되어 있다. 싼 가격에 비해 원가율은 높은 편이지만, 재주문은 적다. 반면 주류는 원가율이 높아도 재주문(리필)을 훨씬 많이 하므로 주류 판매로 매상고가 올라가는 구조다. 이런 이유에서 선술집의 매상은 주류가 담당한다.

화의 잡지와 단행본'도 같은 구조다.

게임은 게임기만으로는 이익을 낼 수 없다. 게임 회사의 비즈니스 모델은 게임을 즐기는 데 필요한 소프트웨어, 즉 게임의 저작권으로 돈을 버는 구조다. 만화도 달랑 잡지 한 권으로는 이익을 낼 수 없다. 그보다는 연재분을 모아 낸 단행본의 매상으로 이익을 낸다. 또한 애니메이션화나 영화화, 게임화, 상품화 등 미디어 믹스 전략으로도 이익을 낸다. 만화와 게임은 주력 상품이 두 종류고 둘 중에서 이익이 발생하는 쪽이 확실하다는 점. 즉 주문이 계속 들어와야 수익이 나는 구조라는 점이 비슷하다.

모델화는 여러 대상 간의
연관성을 찾는 것

'이러한 관계입니다.'라고 설명할 수 있는 상태로 만드는 것을
모델화라고 한다.

체계화의 또 다른 개념인 모델화는 한마디로 '이러한 관계입니다.'라고 설명할 수 있는 상태
를 뜻한다. 서로 다른 대상 간의 연관성을 찾고 거기에서 성질을 도출하여 일반적인 모델로
만드는 행위인 것이다. 여기서 연관성을 찾는다는 의미는 예를 들면, '기온이 높아지면 편의
점에서 냉라면(일본식 중화 요리의 일종이다—옮긴이)이 많이 팔린다.'는 것처럼 기온과 냉라면
이라는 전혀 다른 대상을 연관해서 생각하는 것이다. 그리고 '기온이 높아지면 ○○가 팔린
다.'라는 성질을 도출하여 일반적인 모델로 만든다. 실제로 기온이나 기상 상태 등의 기후 조
건에 따라 인간의 욕구 또한 변화가 생긴다는 성질을 이용해 편의점 등에서는 그날그날 들

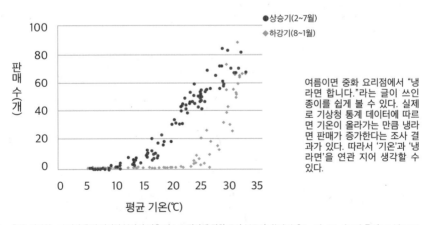

도쿄의 평균 기온과 냉라면 판매 수의 관계

● 상승기(2~7월)
◆ 하강기(8~1월)

판매 수(개)

평균 기온(℃)

여름이면 중화 요리점에서 "냉
라면 합니다."라는 글이 쓰인
종이를 쉽게 볼 수 있다. 실제
로 기상청 통계 데이터에 따르
면 기온이 올라가는 만큼 냉라
면 판매가 증가한다는 조사 결
과가 있다. 따라서 '기온'과 '냉
라면'을 연관 지어 생각할 수
있다.

출처: 기상청, <슈퍼마켓 및 편의점 분야의 기후 리스크 평가에 관한 조사 보고서>(気象庁「スーパーマーケット及びコンビニエン
ススストア分野における気候リスク評価に関する調査報告書」)를 토대로 작성

여 놓는 물건을 달리한다.

그렇다면 이렇게 연관성을 찾는 이유는 무엇일까? '목적을 이루려면 무엇을 해야 할까?'라는 질문의 답을 찾기 위해서다. 예를 들어, 어떤 기업에서 광고비 1엔당 500엔의 매상을 확보하는 마케팅을 펼친다고 하자. 이때 광고비를 X라고 하고 매상을 Y라고 하면 'Y=500X'라는 모델을 만들 수 있다. 이는 X와 Y라는 두 개의 수치를 연관해서 생각한 것이다. 그리고 이 회사가 5,000엔이라는 매상을 올려야 한다면 광고비는 물론 10배가 필요하다. 아주 간단한 사례지만 이것이 '목적을 이루려면 무엇을 해야 할까?'라는 질문의 대답이 된다.

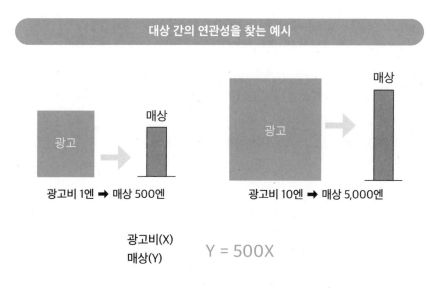

대상 간의 연관성을 찾는 예시

광고비 1엔 ➡ 매상 500엔

광고비 10엔 ➡ 매상 5,000엔

광고비(X)
매상(Y)

$Y = 500X$

'연관성'이 중요하다!

다섯 가지 개념을 활용해
질문에 답하자

모델화를 포함해서 지금까지 소개한 다섯 가지 수학적 사고 개념을 활용해
조금 어려운 문제에 도전해 보자.

Part 6의 마지막 항목으로 다섯 가지 개념을 모두 활용한 문제를 소개하겠다. 예를 들어 당신 부하 직원 중 의욕이 떨어진 사람이 있다고 하자. 당신은 어떻게 이 문제를 해결할 텐가? 여기까지 읽은 당신이라면 문제 해결의 첫 단계인 정의(STEP 1)하기부터 출발해야 한다는 것을 잘 알 것이다. 그렇다면 의욕이란 무엇인지 정의하자. 동기부여는 지시가 없어도 행동하는 것, 즉 행동력이라고 정의할 수 있다. 이어서 행동력은 무엇인지 분석(STEP 2)하자. 먼저 사람을 행동력이 있는 사람과 행동력이 없는 사람으로 나눈다(분해). 그리고 행동력이 있는 사람과 없는 사람 간에는 어떤 차이가 있는지 비교한다(비교). 그 결과 전자는 주변 사람들에게 칭찬받을 기회가 많지만, 후자는 그런 기회가 적다는 것을 알 수 있다. 즉 칭찬이 늘어날수록 행동력도 올라간다는 구조를 떠올릴 수 있다(구조화). 이어서 칭찬 횟수를 X로, 행

동력을 Y로 설정하면 이 두 개의 수학적 관계를 'Y = aX'라는 모델로 표현할 수 있다(모델화). 실제로 칭찬을 듣고 의욕이 올라가는 것을 심리학 용어로 고양 효과라고 한다. 쉽게 말하면 남에게 칭찬을 들으면 의욕이 올라가는 효과다.

학술적으로도 칭찬이 행동력과 연관이 있으며 칭찬하면 부하 직원의 의욕을 끌어올릴 수 있다는 이론이 있다. 그러므로 부하 직원을 계속 칭찬하면 떨어진 의욕 문제를 해결할 수 있다. 이처럼 칭찬해서 의욕을 높이는 방법은 비즈니스에서만이 아니라, 가정 내에서 아이를 칭찬한다든가 부부 사이라면 집안일을 적극적으로 하는 남편을 칭찬하는 등 다른 상황에서도 활용할 수 있다.

의기소침한 부하 직원의 의욕을 어떻게 끌어올릴 수 있을까?

STEP 1	정의	의욕이란 무엇인가?
STEP 2	분석	행동력이 있는 사람, 행동력이 없는 사람으로 나눈다. (분해) 행동력이 있는 사람과 없는 사람을 비교한다. (비교)
STEP 3	체계화	칭찬을 많이 하면 행동력도 올라간다. (구조화) 이 두 개는 'Y = aX'로 표현할 수 있다. (모델화)

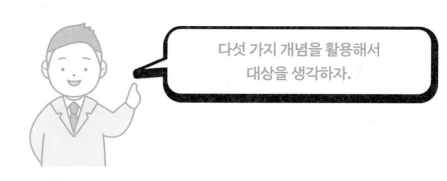

다섯 가지 개념을 활용해서
대상을 생각하자.

이 책의 의뢰를 받고 만난 자리에서 '페르미 추정'에 관한 책이 아주 많이 팔리고 있다는 설명을 들었다. 아마도 그런 책을 읽고 공부하는 직장인이 많아서일 것이다.

왜 많은 직장인이 그런 책을 읽을까?

'매상을 예측하고 싶으니까'
'마케팅에 도움이 되니까'
'문제 해결력을 키우고 싶으니까'

일반적으로 이렇게 답할 것이다. 아주 성실하고 훌륭한 생각이다. 하지만 한편으로 이 대답은 그저 표면적일 뿐이다. 사실 훨씬 더 복잡한 이유가 있지는 않을까 하는 생각이 든다. 아마도 여러분은 내가 말하는 의미를 잘 알 것이다.

'좀 더 머리가 좋아지고 싶어서'
'지금 이대로는 발전할 수 없다고 생각해서'

아마 '페르미 추정'을 주제로 한 책에 이토록 관심이 모이는 것은 단순해도 이런 이유 때문이라고 생각한다.

그러나 시중에 나온 책들은 초심자가 읽기에는 조금 어렵다는 게 사실이다. '그렇다면 백지상태에서도 도움이 될 훨씬 쉽고 간단하면서 현실적인 콘텐츠가 있으면 도움이 되지 않을까?' 이런 생각에서 이 책의 감수를 맡기로 했다.

이 책의 내용은 '페르미 추정'의 입구일 뿐이다. 그러니 읽으면서 차근차근 실천하다 보면, 어느새 입구를 지날 것이다. 그리고 가속도가 붙으면 자연스레 방법을 익히게 될 것이다. 이때 중요한 것이 '놀이'를 한다는 감각으로 실천하는 것이다. 이 감각만 익혀도 우리 주변 곳곳에 페르미 추정 문제가 숨어 있다는 것을 발견할 수 있다.

마지막으로 감사의 말을 전한다.
이 책은 나의 소중한 동료인 비즈니스 수학 인스트럭터들의 도움으로 완성됐다. 비즈니스 수학이란 주로 비즈니스에서 활용되는 수학적 사고법이나 커뮤니케이션 기술을 지도하는 교육이다. 이들이 그 지도자들이다.

이 책에 등장하는 다양한 트레이닝을 이분들이 적극적으로 고안해 독자인 여러분에게 전달하고 싶은 형태로 만들었다. 특히 '수학의 재미'나 '논리적 사고의 소중함'을 담고자 했다.

감수 협력을 도와준 일곱 명의 멤버에게 감사의 말을 전한다.
오오누마 히로카즈(大沼宏和) 씨, 요다 아키히로(依田朗裕) 씨, 무라모토 레이코(村本麗子) 씨, 미사와 아유미(三澤有祐美) 씨, 나카시마 가노코(中嶋佳乃子) 씨, 마키노 도모히로(牧野智宏) 씨, 요후 준고(養父淳悟) 씨. 이 책은 이분들의 따뜻한 마음이 있었기에 여러분을 만날 수 있었다. 다시 한번 감사의 말을 전한다.

후카사와 신타로

더 나은 결정을 위한
하루 10분 논리 연습
수학적 사고력을 키우는 페르미 추정 입문서

초판 발행 2024년 11월 19일
펴낸곳 현익출판
발행인 현호영
감수 후카사와 신타로
옮긴이 한세희
편집 김민기, 황현아
디자인 현애정
주소 서울특별시 마포구 월드컵북로58길 10, 더팬빌딩 9층
팩스 070.8224.4322

ISBN 979-11-93217-79-5

- 현익출판은 골드스미스의 일반 단행본 출판 브랜드입니다.
- 잘못 만든 책은 구입하신 서점에서 바꿔 드립니다.

좋은 아이디어와 제안이 있으시면 출판을 통해 가치를 나누시길 바랍니다.
투고 및 제안 : dongledesign@gmail.com